TRADING ONLINE PER UN REDDITO PASSIVO

Guida per principianti a creare profitti extra attraverso le opzioni. Sviluppa tecniche e strategie per guadagnare da casa

Di

RICCARDO COSTA

Sommario

DIRITTI D'AUTORE 12

Introduzione 16

   Quando dovresti usare le opzioni? 24

   Distinguere le opzioni dalle azioni 25

CAPITOLO 1: FONDAMENTI DEL COMMERCIO DI OPZIONI 34

   Perché il trading di opzioni vale il rischio? 36

   Come funzionano le opzioni? 38

   Cronologia delle opzioni 42

   Da dove iniziare? 45

   Reddito passivo 46

   Comprendi il prezzo di esercizio 49

   Valore intrinseco e valore temporale 49

   Gestione del rischio 56

   Errori comuni dei principianti 60

   Mentalità 61

   Tutto sull'acquisto di chiamate coperte .. 62

   Rolling e gestione delle posizioni in opzione 63

   Gestione del denaro 63

   Analisi Tecnica 70

   Spread di credito e di debito 73

I Greeks 74
Strumenti e regole per il trading di opzioni 75
Covered calls 84
Collar strategy 85
Tecniche di trading con analisi fondamentale 87
Perché la leva finanziaria è più rischiosa? 89
Deflazione contro inflazione 91
Dalla semplice generazione di reddito alla chiamata 93
Piattaforme di trading 98
Ordini Daily Trade 102
Strategie di trading del Main day 106
Commercio e tempo 108
Limita i danni causati dal Social Commerce 110
Come fai a fare del day trading il tuo lavoro? 112
Trading con tempi variabili 121
Strategie bonus 127
Conclusioni 128

CAPITOLO 2: COMMERCIO DI OPZIONI PER PRINCIPIANTI 131

Opzioni di trading 132

Long call (ruolo: acquirente) 137

Short or Naked Calls (ruolo: venditore) 139

Short Puts (ruolo: venditore) 141

Long Put (ruolo: acquirente) 142

Potenziale di guadagno astronomico ... 143

Considerazione significativa del rischio e del rendimento 145

Versatilità e flessibilità 147

Svantaggi del trading di opzioni 149

Non è un compito facile 150

Il trading di opzioni è un'impresa rischiosa 152

Scegli un broker 155

Think or Swim 157

Commissioni di trading 159

Span 161

Livelli commerciali 163

Usa bene il tempo 166

Trading attivo e passivo 168

Vantaggi e svantaggi del reddito passivo 170

Genera reddito passivo attraverso le opzioni 173

Il prezzo di mercato delle azioni 177
Volatilità Implicita 181
Lasso di Tempo 184
Tasso di interesse privo di rischio 186
Tempo 187
Volatilità 191
Volatilità Storica.............................. 193
La regola del rischio dell'1% 194
Applica la regola.............................. 196
Variazioni di Tasso........................... 199
Resistere alla perdita 200
Quanto dovrebbe essere importante la tua posizione? 201
Corri a testa in giù........................... 206
Valuta la scelta del Broker 207
Investire in penny stock 208
Acquistare un'opzione con elevata volatilità... 209
Basa i tuoi investimenti sulle "notizie". 210
Investi le tue riserve in contanti 211
Mettere tutte le uova in un cesto 212
Non ridurre le tue perdite quando necessario...................................... 214
Se non esiste via d'uscita 216

Le basi della psicologia del trading 218

Perdere la paura 219

La paura di un trend positivo diventa negativa (e viceversa) 221

La paura di perdersi 222

Paura di sbagliare 223

Modi per superare la paura nella vendita al dettaglio 224

Avidità 229

Il pericolo di essere avidi 229

Come vincere l'avidità? 231

Aspettative 231

I vantaggi dell'acquisto di chiamate coperte 232

Spiegazione dell'interesse aperto 236

I rischi delle chiamate coperte 240

Trova le azioni giuste e il prezzo di esercizio per una chiamata coperta 242

Rolling positions 243

Lascia una posizione 245

Scopo della riduzione delle opzioni 246

Roll dell'Iron Condor 247

Successo nella regolazione dell'Iron Condor 249

Abbassa una posizione di chiamata corta 250

Assumi una posizione short put. 252

Motivi per lanciare una short put 253

Fai un short straddle 255

CAPITOLO 3: TENDENZE ED AREE 258

Tipi di spread di credito 263

Bear call spread 265

Spread Short Butterfly 266

Spread Iron Butterfly 267

Debit Spread 269

Delta 272

Gamma 275

Theta 277

Vega 280

Rho 282

Le regole utilizzate nel trading di opzioni 284

Le chiamate coperte sono per una posizione lunga 289

Le chiamate coperte sono una strategia neutrale 292

Come creare una chiamata coperta? ... 296

Vantaggi delle chiamate coperte 298

Rischi delle chiamate coperte 299

Costruisci un buffer per te stesso 301

Limita le tue perdite e accumula le tue vincite 301

Osserva il quadro finanziario generale . 303

Sentiti a tuo agio con il tuo investimento 304

La Borsa non è un casinò 305

Investire non è un hobby 306

Risorse finanziarie 308

Costruisci un modello strategico per la spesa quotidiana 309

Come puoi monitorare il tuo portafoglio azionario? 310

Monitorare le condivisioni 311

Giornali, comunicati stampa e rapporti 311

Fonti di notizie online 312

Svolgimento 313

Rettifiche 316

Forex e opzioni 320

Trading 24 ore su 24 321

Esecuzione rapida degli scambi 322

Disponibilità Liquide 323

Nessuna commissione 324

Più leva finanziaria 325

È garantito un tipo di rischio limitato... 325

Azioni e opzioni 326

Vantaggi dell'analisi fondamentale del trading... 328

Preparati per lo strangolamento 331

Straddles 333

Avere sempre un piano di uscita......... 336

Adatta la tua strategia alle condizioni di mercato 340

Attieniti alle regole 342

Ciò che ogni investitore dovrebbe evitare 343

CONCLUSIONE 348

DIRITTI D'AUTORE............................... 353

DIRITTI D'AUTORE

© Copyright 2020 di Riccardo Costa

Tutti i diritti riservati

Questo libro:

"TRADING ONLINE PER REDDITO PASSIVO: Guida per principianti a creare profitti extra attraverso le opzioni. Sviluppa tecniche e strategie per guadagnare da casa"

Scritto da

Riccardo Costa

Questo documento si propone di fornire dettagli precisi e affidabili su questo argomento e sul problema in discussione.

Il prodotto è commercializzato presupponendo che nessuna casa editrice o contabilità ufficialmente approvata fornisca altri fondi disponibili.

Laddove sia richiesta una guida legale o qualificata, una persona deve avere il diritto di partecipare al campo.

Viene approvata una dichiarazione di principio, dell'American Bar Association, un comitato di editori e associazione. Non è consentita la copia, la riproduzione o la distribuzione di parti di questo testo, in forma elettronica o scritta.

La registrazione di questo documento è severamente vietata. Qualsiasi conservazione di questo testo è solo con il permesso scritto dell'editore che ha la libertà di autorizzarlo.

Le informazioni qui fornite sono corrette e affidabili, poiché qualsiasi mancanza di attenzione, o altri mezzi derivanti dall'uso improprio o dall'uso delle procedure, o istruzioni in esse contenute è obbligo totale e assoluto dell'utente destinatario.

L'autore non è obbligato, direttamente o indirettamente, ad assumersi alcuna responsabilità civile per eventuali restauri, danni o perdite derivanti dai dati qui raccolti. I rispettivi autori conservano tutti i diritti d'autore non conservati dall'editore.

Le informazioni qui contenute sono esclusivamente e universalmente disponibili a scopo informativo. I dati vengono presentati senza alcuna garanzia o promessa di alcun tipo.

I marchi utilizzati sono senza approvazione e il brevetto viene rilasciato senza il permesso o la protezione del proprietario del marchio.

I loghi e le etichette in questo libro sono di proprietà dei proprietari stessi e non sono associati a questo testo.

INTRODUZIONE

Se trovi un investitore e chiedi informazioni sul suo portafoglio, scoprirai che ha un'ampia varietà di risorse con cui lavorare. Non investi sempre tutti i tuoi soldi in un'unica azienda. Invece, loro hanno diversi tipi di investimenti con cui lavorare, come obbligazioni, azioni, fondi comuni di investimento e altro ancora. Inoltre, ci sono momenti in cui un portafoglio ha delle opzioni, ma è improbabile che sia uguale ad altri. È come una chiave dove nel momento in cui la usi per aprire la porta d'ingresso di una casa, diventa tua. Potresti non possedere tecnicamente la casa perché hai l'accesso, ma puoi usare quella chiave ogni volta che vuoi e puoi acquistare la casa in futuro se desideri. Le opzioni sono impostate per costarti un prezzo fisso per quel tempo. Questa lunghezza cambia a seconda dell'opzione con cui stai lavorando.

A volte hai un'opzione che dura solo un giorno, e poi ce ne sono alcune a cui potresti aggrapparti per alcuni anni. Saprai quanto durerà l'opzione prima di effettuare l'acquisto.

Le opzioni non sono una novità. È un termine ben noto nel trading e, sebbene possa essere travolgente per alcune persone, non sono difficili da comprendere. I portafogli degli investitori sono generalmente composti da diverse classi di attività: obbligazioni, fondi comuni di investimento, azioni o ETF. Una di queste classi di attività sono le opzioni e, se utilizzate correttamente, forniscono alcuni vantaggi che altri titoli di trading ed ETF non possono fornire. Come molte diverse classi di attività, le opzioni possono essere acquistate tramite conti di investimento di intermediazione.

Le opzioni possono essere pensate come un investimento che ti offre più "opzioni". Ma questo non significa che non ci siano rischi. Quasi ogni investimento comporta una moltitudine di minacce. Lo stesso vale per le opzioni. Un investitore dovrebbe essere consapevole di questi rischi prima di procedere con il trading.

Le opzioni appartengono al gruppo di titoli noto come derivati. Il termine derivato è spesso associato a rischi enormi e prestazioni volatili. Warren Buffett una volta chiamava i prodotti "armi di distruzione di massa", il che è un po' esagerato.

Le opzioni sono un tipo di derivato. Gli investitori parlano spesso di risultati diversi. Le opzioni generano il loro valore da un'azione o titolo sottostante. Le opzioni appartengono a una classe di titoli noti come derivati. Le persone hanno a lungo associato prodotti con attività ad alto rischio. Questa nozione non è valida. I derivati ottengono il loro valore da un titolo sottostante. Pensa al vino. Il vino è ottenuto dall'uva. Abbiamo anche il ketchup, che è fatto con i pomodori. Questo è fondamentalmente il modo in cui funzionano i derivati.

Puoi usufruire di un vero vantaggio nel mercato sapendo come funzionano le opzioni ed essendo in grado di usarle correttamente in quanto puoi scommettere le carte a tuo favore se sarai in grado di usare correttamente le opzioni. Il bello delle opzioni è che puoi usarle in base al tuo stile. Se sei una persona speculativa, guadagni speculando. In caso contrario, guadagnerai senza destare troppi sospetti. Dovresti sapere come funzionano le opzioni anche se scegli di non usarle mai poiché altre società in cui investi potrebbero utilizzarle.

Le opzioni sono un interessante veicolo di investimento. Hai un quadro di rischio / rendimento che non è secondo a nessuno. Possono essere utilizzati in una varietà di combinazioni che li rendono molto versatili. Il fattore di rischio può essere diluito utilizzando queste opzioni con altri strumenti finanziari o altri contratti di opzione mentre si aprono maggiori opportunità di profitto. D'altra parte, mentre molti investimenti hanno un rischio illimitato, il trading di opzioni comporta alcuni rischi noti agli acquirenti.

Ora diverse opzioni funzionano quando si lavora con i potenziali clienti. Alcuni di quelli che incontrerai regolarmente sono:

Obbligazioni

Un'obbligazione è un investimento di debito che consente all'investitore di prendere in prestito denaro dal governo o da una società. Quindi questo denaro viene utilizzato da una seconda parte per una varietà di progetti. Ma a un certo punto, solitamente determinato da quando i fondi verranno consegnati, i soldi verranno restituiti insieme ad alcuni interessi. Il più delle volte, lavori con un titolo di Stato e questi titoli sono disponibili anche in borsa.

Materie Prime

Le materie prime sono un'altra scelta che puoi fare quando lavori con le opzioni. Questi sono tutti prodotti utilizzati nel commercio e possono includere alcune alternative come carne di manzo, olio e grano. Quando li scambi, c'è un minimo di qualità che devono soddisfare. Questi sono popolari perché i prodotti sono visti come tangibili, il che significa che rappresentano qualcosa di reale.

Valuta

Per valuta si intende qualsiasi tipo di moneta accettata dal governo, comprese le banconote. Ovviamente sul mercato stanno arrivando anche criptovalute e bitcoin. Il tasso di cambio di queste valute, in particolare le valute digitali, cambierà in modo significativo in breve tempo. Quindi, è essenziale fare attenzione.

Futures

Saranno simili a ciò che stai ottenendo con le materie prime ma hanno alcune linee guida diverse per la consegna, quantità, qualità ed altro ancora.

Indice

Un indice sarà un gruppo di azioni fittizie e simboleggerà la misurazione statistica della performance del mercato.

Azioni

Puoi possedere una percentuale delle azioni, ma invece di gestire questa società, lascia che sia un altro management a farlo mentre realizzi profitti ogni trimestre se la società sta andando bene.

Le opzioni possono sembrare complicate, ma sono facili da capire se le studi attentamente. Ti imbatterai in numerosi profili di trader con diversi tipi di azioni, comprese obbligazioni, azioni, fondi comuni di investimento, ETF e persino opzioni. Le opzioni sono un'altra asset class. Se utilizzati correttamente, forniscono numerosi vantaggi che tutte le altre risorse non possono offrire da sole. Ad esempio, puoi utilizzare le opzioni per proteggerti da risultati negativi come il calo dei mercati azionari o il calo dei prezzi del petrolio. Puoi utilizzare opzioni per reddito ricorrente e scopi speculativi, come B, per scommettere sul movimento di un titolo.

Quando dovresti usare le opzioni?

In qualità di investitore, hai alcune opzioni da sfruttare. Tuttavia, c'è un numero davvero vantaggioso. Ecco una rapida occhiata. Le opzioni ti faranno guadagnare tempo quando avrai bisogno di rilassarti, monitorando l'andamento del mercato.

Hai bisogno di pochissime risorse per investire in opzioni rispetto all'acquisto di azioni. Le opzioni ti fanno di perdere protezione perché bloccano il prezzo, ma non sei obbligato ad acquistare.

Ricorda sempre che le opzioni non offrono corse gratuite o pranzo gratuito. Il trading di opzioni presenta alcuni rischi a causa delle sue previsioni. Qualsiasi previsione andrà a finire in un modo o nell'altro. La buona notizia qui è che qualsiasi perdita in cui incorrerai sarà pari solo al costo di creazione dell'opzione. Questi costi sono notevolmente inferiori rispetto all'acquisto del titolo sottostante.

Distinguere le opzioni dalle azioni

Sebbene non vi sia una data di scadenza per le azioni, il contratto di opzioni invece ha una data di scadenza. Questo periodo di scadenza può essere una settimana, mesi o persino anni e dipende dal tipo di opzioni che pratichi e da altre normative correlate. Le azioni non fanno parte dei derivati mentre le opzioni lo sono, il che significa che il loro valore deriva da qualcos'altro. Mentre le scorte sono una quantità numerica ben definita, le opzioni non lo sono.

Puoi anche beneficiare di un calo del prezzo del titolo sottostante, a seconda del tipo di strategia che stai perseguendo. Gli azionisti di una società hanno diritto a un dividendo, un voto o entrambi. I titolari di opzioni non hanno tali diritti.

Diverse parti sono coinvolte in uno scambio. Non è possibile commerciare direttamente con tutti, né è pratico. Per questo motivo, i pockets sono stati creati per comodità. Questo è un canale su cui vengono scambiate tutte le azioni.

Non puoi lavorare direttamente con la borsa, poiché causerebbe molta confusione. Significherebbe troppe persone che fanno affari contemporaneamente. È qui che entrano in gioco i broker. I broker funzionano come intermediari, un canale di comunicazione tra te e l'exchange. Fanno pagare una commissione per il loro servizio. Nelle prime fasi del settore dei cambi, la maggior parte delle transazioni veniva effettuata da broker per conto dei loro clienti. I broker conducono ancora oggi le transazioni per conto dei loro clienti. Tuttavia, i clienti possono ora gestire facilmente i propri account. Devi aprire un conto di trading con un broker ed egli ti darà accesso a questo conto.

Attualmente sono stati sviluppati con successo molti programmi o software che possono essere utilizzati per fare trading direttamente in borsa. La società di brokeraggio di tua scelta fornirà la raccomandazione del programma e le informazioni di accesso. Come un'obbligazione o un'azione, un'opzione è un titolo negoziabile. È possibile acquistare o vendere opzioni a un broker straniero o negoziare su una borsa valori statunitense. Un'opzione potrebbe consentirti di utilizzare i tuoi soldi. Tuttavia, può essere ad alto rischio in quanto alla fine scadrà (data di scadenza). Per le stock option, ogni contratto di opzione equivale a 100 azioni.

Un esempio di un'opzione è quando si desidera acquistare un'auto / una casa ma, per qualche motivo, non avere subito contanti, ma ottenere i soldi il mese prossimo. È ora possibile acquistare l'attività al prezzo concordato e venderla con profitto. Il valore dell'investimento può anche diminuire se la casa sviluppa problemi idraulici o altri problemi o se un veicolo è coinvolto in un incidente. Se scegli di non acquistare l'asset e lasci la tua opzione di acquisto, perderai il tuo investimento originale, i € 2.500 che hai inserito nell'opportunità. Questo è il concetto generale di come avviene il trading di opzioni. In realtà, tuttavia, il trading di opzioni è molto più complesso e comporta un livello di rischio più elevato.

I futures sono accordi stipulati per acquistare o vendere un determinato titolo in una data successiva e a prezzi specificati. I futures sono generalmente negoziati su una borsa simile alle azioni e alle opzioni. Un individuo accetta di acquistare una certa quantità di un titolo o di un bene e il venditore si impegna a consegnarli in un secondo momento. Coloro che negoziano futures includono investitori, società e speculatori.

Come le opzioni, i futures rappresentano i derivati di un'azione sottostante. Ciò significa che il prezzo di un contratto futures cambia con le variazioni dello strumento sottostante. Il processo di trading giornaliero di futures è diverso dal trading di azioni perché quando si fa trading di futures, non si possiedono le azioni associate allo strumento di indicato.

Ci sono diversi motivi per cui le persone scambiano futures ogni giorno. Alcune di essi sono:

Prezzi bassi

Le azioni di day trading hanno requisiti di capitale troppo elevati. Tuttavia, non hai bisogno di molto capitale per negoziare futures. Puoi iniziare a vendere a partire da € 5000 o meno a seconda della piattaforma di trading.

Variazioni di prezzo con la sicurezza sottostante

Le variazioni del prezzo del titolo sottostante determinano l'ammontare del profitto che realizzi sui futures di day trading. Ciò significa che puoi utilizzare strategie di analisi tecnica per capitalizzare il reddito derivante dal trading di futures.

Nessuna restrizione sulla vendita allo scoperto: i trader a breve termine spesso fanno affidamento su ogni operazione per realizzare buoni profitti. Quando si fa trading di futures, non ci sono restrizioni sulle posizioni di trading lunghe e corte. Ciò significa che puoi applicare le informazioni dell'analisi di mercato a tutti i tipi di futures. Questo non è il caso del day trading perché è necessario disporre di azioni prima di venderle in modo da avere un profitto. Questa limitazione ti rende impossibile andare short quando fai trading di azioni.

Per iniziare il day trading dei futures, avrai bisogno di alcuni strumenti e risorse simili a quelli utilizzati per vendere azioni. Ci sono requisiti patrimoniali minimi che devono essere soddisfatti e devi anche lavorare attraverso un broker. Dopo aver identificato un broker, è necessario selezionare il tipo di contratto futures che si desidera negoziare. Sarebbe utile considerare diversi fattori, tra cui il volume degli scambi e il precedente movimento di prezzo del contratto futures.

Il trading giornaliero di futures comporta anche vari rischi. La maggior parte dei trader prende sempre in prestito capitale per investire nel mercato dei futures a causa degli elevati margini di profitto. Tuttavia, piccole variazioni di prezzo si traducono in rendimenti esponenzialmente significativi. Tuttavia, il trading di futures con denaro preso in prestito comporta sempre un rischio elevato. Se la direzione del mercato non prende la domanda prevista, finirai per perdere i soldi che hai preso in prestito. I futures hanno un elevato potenziale di leva di cui i trader traggono vantaggio. Questa leva offre un potenziale di profitto elevato, ma crea anche una piattaforma per perdite più massicce.

CAPITOLO 1: FONDAMENTI DEL COMMERCIO DI OPZIONI

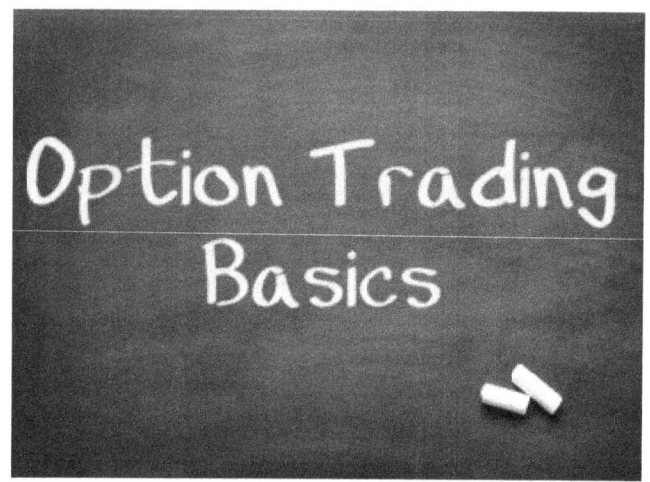

Cos'è un'opzione?

Un'opzione è semplicemente un contratto tra due parti basato su un'attività sottostante. È possibile creare un contratto di opzioni per qualsiasi tipo di risorsa. Tuttavia, il nostro focus è sui contratti di stock option. Sono note come opzioni perché una parte contraente ha la possibilità di acquistare o vendere azioni, a seconda che determinate condizioni siano soddisfatte o meno.

Un'opzione è un tipo di derivato. Esiste da molto tempo, il pubblico ha realizzato per la prima volta il concetto di risultati dopo il crollo finanziario del 2008, quando un tipo specifico di derivati garantiti da ipoteca ha portato al caos economico su un gran numero di scommesse perse orribilmente nell'arco di poco tempo. Un derivato suona stravagante, ma tutto ciò che significa è che è un bene il cui valore dipende dal peso di qualcos'altro. Per le opzioni, il contratto di opzione è calcolato sul valore delle azioni su cui si basa il contratto.

Un contratto di opzione rappresenta 100 azioni. L'accordo costa all'acquirente molto meno dell'acquisto delle azioni. In un certo senso, un contratto di opzione è una scommessa in quanto il titolo si muoverà in una particolare direzione in un dato periodo.

Pertanto, possono essere utilizzati per la speculazione. Come la maggior parte dei contratti, un contratto di opzioni ha una data di scadenza. Negli Stati Uniti, le opzioni possono essere esercitate entro la data di scadenza se la condizione concordata è soddisfacente. In Europa possono essere esercitati solo dopo che sono scaduti.

Perché il trading di opzioni vale il rischio?

C'è spesso confusione sul motivo per cui i trader scelgono le opzioni quando azioni e obbligazioni stanno andando bene. Ciò che alcune persone tendono a perdere è la grande differenza nel potenziale di guadagno. I negozi generalmente guadagnano dall'8% al 12% all'anno, il che è abbastanza impressionante di per sé. Tuttavia, le opzioni sono molto più redditizie e offrono un potenziale molto maggiore.

Alcuni scambi di opzioni generano solitamente profitti fino al 50%. Ottenere il 100% di profitto in poco tempo e anche di più non è raro. Per questo motivo, molti trader esperti scelgono le opzioni. Sono incredibilmente redditizie. È anche possibile guadagnare con il trading di opzioni in tutte le condizioni di mercato. I trader possono fare soldi quando il mercato è rialzista, ribassista e persino stagnante. Pertanto, non sono richieste condizioni di mercato specifiche e quindi è possibile una redditività per tutto l'anno.

Gli esperti concordano sul fatto che le opzioni di trading offrono molti vantaggi che altri tipi di titoli non offrono. Anche se non tutti i trader potrebbero voler scambiare opzioni, ci sono alcuni aspetti che altri di loro troveranno interessanti.

Come funzionano le opzioni?

I trader di opzioni devono comprendere le complessità che li circondano. Sapere come funzionano le opzioni può aiutare i trader a prendere le decisioni giuste e ricevere più opzioni durante l'esecuzione di un'operazione.

Indicatori:

- Il valore di un'opzione è costituito da diversi elementi che vanno di pari passo con i "Greeks":

- Il prezzo del valore garantito

- Scadenza

- Volatilità implicita

- I prezzi di esercizio effettivi

- Dividendi

- Tassi di Interesse

I "Greeks" forniscono preziose informazioni sulla gestione del rischio e aiutano a riallineare i portafogli per ottenere l'esposizione desiderata (ad esempio, copertura delta). Ogni Greek misura la risposta dei portafogli a piccoli cambiamenti in un fattore sottostante, che consente loro di esaminare i rischi individuali:

Delta calcola il tasso di variazione del valore di un'opzione relativa alle variazioni del prezzo dell'asset sottostante.

Gamma misura il tasso di variazione del Delta con le variazioni subite dal prezzo dell'asset sottostante.

Lambda, o elasticità, si riferisce alla variazione percentuale del valore di un'opzione rispetto alla variazione percentuale del prezzo dell'asset sottostante, che fornisce un metodo di calcolo della leva noto come "leva finanziaria".

Theta calcola la sensibilità del valore dell'opzione nel tempo, un fattore noto come "usura transitoria".

Vega misura la vulnerabilità dell'opzione volatilità. Vega misura il valore della scelta in base alla volatilità dell'asset sottostante.

Rho rappresenta la sensibilità del valore di un'opzione alle fluttuazioni del tasso di interesse e misura il valore dell'opzione in base al tasso di interesse privo di rischio.

Pertanto, i Greeks possono determinare con relativa facilità se il modello di Black-Scholes (che è considerato il modello standard per la valutazione delle opzioni) viene utilizzato ed è molto utile per i trader intraday e derivati. Delta, Theta e Vega sono strumenti preziosi per misurare il tempo, il prezzo e la volatilità. Il valore dell'opzione è direttamente influenzato dalla durata e dalla volatilità.

L'essenza dell'opzione call e put tende ad aumentare per un lungo periodo prima che scada. La situazione opposta si verificherebbe se il costo delle opzioni call e put tendesse a diminuire per un breve periodo prima della scadenza.

• All'aumentare della volatilità, il valore delle opzioni call e put aumenta, mentre il valore delle opzioni call e put diminuisce al diminuire della volatilità.

Il prezzo del valore garantito influisce sulle opzioni call in modo diverso da quello delle opzioni put.

All'aumentare del prezzo di un titolo, le opzioni call correnti che corrispondono ad esse tipicamente aumentano, e aumentano di valore quando il valore delle opzioni put diminuisce.

Cronologia delle opzioni

Il trading e gli investimenti in opzioni stanno aumentando a un ritmo record poiché l'interesse degli investitori ordinari cerca modi rapidi e sicuri per far crescere i loro portafogli. Le alternative potrebbero essere i tuoi nuovi interessi, ma il concetto alla base delle opzioni esiste da migliaia di anni. Molti hanno fatto riferimento a un rapporto trovato nel libro di Aristotele Politics from 332 BC. È stato scoperto da prima di Cristo! Ti racconterò la storia più tardi. Innanzitutto, consideriamo appieno cos'è un'opzione. In questo modo, comprendi appieno il valore, la leva finanziaria e le potenziali opzioni vincenti.

La maggior parte delle persone sa come possedere, acquistare e vendere azioni. Ecco sembra un buon punto da cui cominciare. Puoi acquistare o vendere queste azioni e raccogliere i dividendi in base al numero di azioni che possiedi. Tu controlli queste azioni o beni.

Un'opzione è acquistare le azioni di una società a un prezzo e a un tempo specifici, ma non averne l'obbligo. In altre parole puoi farlo quando vuoi. Non possiedi alcuna quota dell'azienda, ma potresti.

Aristotele racconta di un uomo di nome Talete di Mileto, un astronomo, filosofo e matematico che esaminò le stelle per i modelli meteorologici per determinare che l'antica raccolta delle olive greche sarebbe stata eccezionale l'anno successivo. Rendendosi conto che i mulini sarebbero stati molto richiesti l'anno successivo, tentò di realizzare un profitto considerevole possedendo tutte o la maggior parte dei torchi, ma non aveva i mezzi per assicurarsi numerose quantità. Invece, ha avuto la brillante idea di pagare una piccola somma di denaro come deposito per assicurarsi che tutti torchi fossero utilizzati.

La raccolta delle olive quell'anno è andata come previsto e i torchi erano molto richiesti. Ha venduto il diritto di utilizzare i torchi a tutti coloro che ne avevano bisogno, trasformando una piccola somma di denaro in un grande profitto (leva finanziaria). Thales controllava i mulini (l'asset sottostante su cui si basa l'opzione) e poteva usare lui stesso i mulini o vendere il suo diritto d'uso a chiunque avesse bisogno di un torchio e fosse disposto a pagare di più per quel diritto, il che rende ordinato il profitto. I suoi titoli hanno definito il funzionamento delle opzioni nel corso della storia e hanno dato inizio alla lunga storia del trading di opzioni. Consideriamo un altro esempio di trading di opzioni con Tulip Mania avvenuto nel 1636.

Da dove iniziare?
Cos'è un broker?

Un broker è un "intermediario". Sebbene ci siano piani di scambio per le opzioni, non potresti effettuare i tuoi ordini di scambio direttamente all'azienda. Invece, un broker lo fa per tuo conto. Un broker ti offre cose diverse e vari broker offrono diversi livelli di supporto.

Fondamentalmente, un broker ti fornisce un account. È come una specie di conto bancario, ma è interamente dedicato al trading. Il trading di opzioni non è separato dal trading di azioni. Pertanto, stai aprendo un conto di intermediazione che verrà utilizzato per finanziare il trading di azioni e opzioni quando investi in entrambi. Un conto di intermediazione è collegato a un conto bancario personale, fornito per collegare il tuo conto ad uno di intermediazione. Viene utilizzato per trasferire denaro in entrata e in uscita. Quindi, se desideri acquistare opzioni, devi trasferire fondi sul tuo conto di intermediazione. Se vendi opzioni per ottenere denaro, potresti dover attendere alcuni giorni prima di trasferire il denaro sul tuo conto bancario. Verifica con il broker selezionato i dettagli.

Reddito passivo

Le opzioni sono perfettamente in grado di fornirti un reddito passivo, ma cos'è veramente il reddito passivo? La gente sembra pensare che il reddito passivo sia denaro facile. Tuttavia, il termine facile induce in errore la maggior parte delle persone credendo che il reddito passivo non abbia bisogno di lavoro dietro le quinte. Questa non è affatto la verità.

Comprendere la natura del reddito passivo può aiutarti a scoprire molto su come funziona il trading di opzioni poiché è alla base del trading di opzioni di successo. Quindi, iniziamo definendo e osservando il reddito passivo.

Ci sono fondamentalmente due modi per fare soldi. Il primo è scambiare il tuo tempo con denaro e il secondo è scambiare il tuo denaro con denaro contante. Il primo modo è fare qualcosa come trovare un lavoro o lavorare come freelance. Investire il tuo tempo in un progetto ed essere pagati per questo. Sì, vieni davvero pagato per i risultati ottenuti quando lavori come libero professionista. Tuttavia, il punto è che ci vuole tempo per farlo. Più tempo dedichi a queste attività, più guadagni. Il punto è che, se sei uno scrittore freelance, più parole di alta qualità produci, più vieni pagato al mese. Una delle cose più importanti da tenere a mente con questo tipo di reddito è che quando vai a dormire, non produci reddito.

Alla domanda su una delle cose essenziali che i ricchi fanno e i poveri no, Bill Gates ha risposto che i ricchi usano il loro tempo molto meglio (Bodnar, 2017). Cosa significa tempo di leva? Bene, il punto di vista di Gates era che l'unica cosa minima nella nostra vita è il tempo. Non possiamo recuperare il tempo perduto, non importa quanto vogliamo credere che ci siano macchine del tempo.

Il successo finanziario dipende in ultima analisi da quanto bene gestisci il tuo tempo. Il fatto è che una persona ricca tende a essere pagata di più per un'unità del suo tempo rispetto a una persona povera. Come vieni pagato di più all'ora?

Comprendi il prezzo di esercizio

I prezzi delle opzioni sono calcolati in parte dal costo del titolo sottostante. Tuttavia, i prezzi delle opzioni sono influenzati anche dal tempo rimanente alla scadenza e da alcuni altri fattori. Vedremo i diversi modi in cui il prezzo di una particolare opzione può cambiare e cosa c'è dietro le modifiche. È fondamentale comprendere questi concetti per non essere un principiante ingenuo, non per inserire opzioni.

Valore intrinseco e valore temporale

In qualità di trader di opzioni, è necessario comprendere le variabili che possono influenzare il prezzo di un'opzione e i pro e contro dell'implementazione della giusta strategia. Un operatore di borsa che ha familiarità e bravo a prevedere i movimenti futuri del prezzo delle azioni potrebbe pensare che il passaggio al trading di opzioni sia facile, ma non lo è. Ci sono tre parametri variabili che un trader di opzioni deve affrontare: il prezzo del titolo sottostante, il fattore tempo e la volatilità. Deviare uno qualsiasi di questi fattori influenzerà il prezzo delle scelte.

Il prezzo di un'opzione è anche noto come premio e il prezzo è per azione. Il venditore dell'opzione riceve il compenso che concede all'acquirente il diritto associato all'opportunità. L'acquirente è colui che paga il premio al venditore e può esercitare tale diritto o far scadere l'opzione senza alcun valore alla fine. L'acquirente deve pagare il bonus indipendentemente dal fatto che l'opzione venga esercitata o meno, il che significa che il venditore manterrà il premio alla fine, qualunque cosa accada.

Facciamo un semplice esempio. Un acquirente ha pagato un venditore per acquistare diritti su azioni ABC per 100 azioni e un prezzo di esercizio di € 60. Il contratto scade il 19 giugno. Quando la posizione in opzione diventa redditizia, l'opzione viene esercitata dall'acquirente. Se non sembra essere redditizio, l'acquirente può risolvere il contratto. Il venditore quindi mantiene il premio.

Il premio di un'opzione ha due lati: il suo valore intrinseco e il suo valore nel tempo. È possibile calcolare il valore intrinseco di un'alternativa trovando la differenza tra il prezzo di esercizio e il prezzo delle azioni. L'opzione call è il prezzo delle azioni meno il prezzo di esercizio. Per l'opzione put, è il prezzo di esercizio meno il prezzo delle azioni.

Per valutare un'opzione, almeno in teoria, è necessario considerare diverse variabili, come B. Il prezzo delle azioni sottostanti, la volatilità, il prezzo di esercizio, il tempo di scadenza e il tasso di interesse. Questi fattori ti daranno una stima ragionevole del valore equo di un'opzione che puoi incorporare nella tua strategia per ottenere i massimi profitti. Discuteremo in dettaglio solo i fattori di tempo e volatilità. L'obiettivo principale del prezzo delle opzioni è calcolare la probabilità che una particolare opzione sia "in the money" o esercitata al momento della scadenza.

Il valore put e call è direttamente influenzato dai movimenti di prezzo sottostanti. Cioè, se il prezzo di un'azione sale, dovrebbe salire anche il valore call, poiché puoi acquistare l'azione sottostante a un prezzo che viene ridotto rispetto al mercato quando il prezzo put scende. Al contrario, quando il prezzo delle azioni scende, il valore delle opzioni put dovrebbe aumentare e il valore delle opzioni call dovrebbe diminuire perché il detentore dell'opzione put può vendere le azioni a prezzi superiori a quelli di mercato. Questo prezzo predefinito che puoi vendere o acquistare è chiamato prezzo di esercizio dell'opzione. Se il prezzo di esercizio dell'opzione ti dà il vantaggio di vendere o acquistare il titolo a un prezzo che ti porterà un profitto immediato, quell'opzione è considerata "in the money". Con il prezzo delle azioni sottostanti e il prezzo di esercizio fuori mano, possiamo ora discutere gli altri due fattori principali che possono influenzare in modo significativo il prezzo di un'opzione: tempo e volatilità.

Quando si pensa ai vari veicoli di investimento, se non alla pratica di investire in generale, si può considerare solo il fattore tempo. Questo è uno dei fattori che potrebbe scoraggiare il rivenditore. Ma perché?

In questi tempi siamo così abituati al concetto di tutto e subito, e non possiamo più aspettare. Chiediamo tutto direttamente e perdiamo anche la cognizione del tempo e il prezioso valore del tempo.

Sfortunatamente, nel trading online, non puoi aspettarti di avere tutto subito, ma soprattutto, non puoi aspettarti di diventare un trader esperto e professionale in meno di un mese o peggio in una settimana.

Non puoi pensare di diventare un abile trader se non vuoi studiare ed esercitarti! Nel trading online e negli investimenti in generale, ci vuole tempo per imparare a fare trading. Un altro consiglio che al momento è poco pratico è trovare un investimento e un'attrezzatura degni, professionali di valore.

Nel trading, questo deve essere fatto in modo ponderato e professionale. Ad esempio, se stiamo negoziando una strategia di trading basata sul forex trading, con un payout massimo del 65% per un trade completato con successo, dobbiamo considerare che dobbiamo investire soldi per lavorare con una particolare strategia. Se stai seguendo l'andamento del mercato, è controproducente uscire da esso poiché perderai il tuo capitale e potresti non ottenere il rendimento che desideri. Ecco perché il tempo è denaro e non dovrebbe essere sprecato inutilmente. Soprattutto, la fretta è una cattiva compagna.

Il fattore tempo è anche uno dei principali fattori che scegli per affidare al meglio il tuo capitale ad un professionista finanziario scelto da te. Molto spesso, però, questa fiducia non viene sempre ripagata con un aumento di capitale. Frequentemente questo capitale viene completamente perso.

Gestione del rischio

Gli investitori professionali informali rischiano che la strategia organizzativa chiami la regola del rischio dell'1% o la modifichi leggermente per adattarla alle loro strategie di trading. La conformità allo standard riduce al minimo le emissioni di capitale quando un trader ha un giorno libero o incontra situazioni economiche sconsiderate tenendo conto dell'elevato reddito o salario mensile. Il principio del rischio dell'1% è un buon segno per diversi motivi e puoi trarne vantaggio se lo comprendi e lo usi come caratteristica del tuo sistema di trading.

Non vi è alcuna garanzia nel trading online. Ciò significa che anche i migliori trader sono sicuri di perdere denaro prima o poi. Ciò significa che ogni trader deve sviluppare una buona strategia di gestione del rischio. La strategia che scegli è importante tanto quanto la strategia di trading che utilizzi. Mitigare i rischi è senza dubbio uno dei modi migliori per assicurarti di aumentare costantemente i tuoi profitti. In questo caso, un trader con un tasso di vincita del 50% può avere più successo di un trader con un tasso di vincita del 75% e non avere una strategia di gestione del rischio. I trader devono essere consapevoli che due perdite successive possono distruggere i guadagni inizialmente accumulati. Quindi, ha molto senso avere una strategia di gestione del rischio che ti assicuri di bloccare i tuoi profitti e massimizzare i rendimenti. Le tecniche semplici che possono aiutarti a proteggere i tuoi profitti di trading sono spiegate brevemente in questo capitolo.

Pianifica il tuo commercio

Un passaggio fondamentale che devi compiere durante il trading è la pianificazione del tuo scambio. Pianificare le tue transazioni è il modo più sicuro per determinare le tue possibilità di successo in un'azienda. Se pianifichi attentamente il tuo trading, puoi facilmente evitare le sfide associate al day trading. La maggior parte dei trader lo sosterrà con la frase "piano per il commercio e piano commerciale". Fondamentalmente, se vuoi vincere, dovresti pianificare prima di entrare in qualsiasi mercato.

Come pianifichi il tuo commercio? Inizia a sapere che stai contando sul rivenditore giusto. Non tutti i broker andranno bene per te. Devi fare affidamento sulle recensioni online per trovare i broker ideali sul mercato. Assicurati di non andare da broker che ti addebitano commissioni elevate. I migliori broker ti forniscono i migliori strumenti analitici per assicurarti di sapere quando entrare e uscire dal mercato.

Puoi anche pianificare capendo come fermare le perdite e come verranno utilizzati i punti di profitto. Ciò significa che sai quando prendere le tue vincite e quando accettare le perdite che hai già subito. Se non hai un piano, significa solo che giochi; non scambi. Potresti essere fortunato o sfortunato nel gioco d'azzardo Quindi, assicurati di pianificare il tuo scambio prima di entrare nel mercato.

Regola dell'uno per cento

Un modo comune per mitigare i rischi durante il trading è seguire la regola dell'uno per cento. Questa è una regola secondo la quale un trader può utilizzare solo l'1% circa del suo capitale di trading. Ciò è particolarmente vero per i trader che opereranno tramite conti di grandi dimensioni da quanto è stato discusso. Supponendo che tu abbia € 10.000 di capitale di trading, devi solo cambiare € 100 secondo la regola dell'uno percento. Se riesci a correre più rischi, puoi utilizzare circa il 2% del tuo capitale di trading. Più grande è il conto che stai utilizzando, minore è la percentuale che dovresti rischiare. Ciò è dovuto al numero di aumenti di denaro. Mantieni i tuoi rischi al di sotto del 2% e limiterai le tue perdite.

Errori comuni dei principianti

I broker con sconti online offrono ai potenziali investitori l'opportunità di negoziare azioni con la semplice pressione di un pulsante. Questo facile accesso agli investimenti è eccellente poiché le persone ora si sentono più incoraggiate a investire nei mercati piuttosto che a fare affidamento sui gestori di fondi. Tuttavia, ci sono numerose insidie che un investitore alle prime armi deve prendere in considerazione prima di tentare di scegliere azioni.

Mentalità

La psicologia radiosa è lo stato mentale e le emozioni che determinano il successo o il fallimento del trading di opzioni. Rappresenta l'aspetto del tuo comportamento che determina le decisioni che prendi in uno scambio. La psicologia è fondamentale per qualsiasi professione e può essere paragonata all'esperienza, alla conoscenza e alle abilità per determinare il tuo successo come trader.

Tutto sull'acquisto di chiamate coperte
Che cos'è l'acquisto di una chiamata coperta?

Quando effettui una chiamata coperta, stai acquistando un'azione a un prezzo specifico. Supponi di voler acquistare azioni IBM. Invece di scrivere per ottenerlo a un costo determinato, acquistalo dal trader a un certo prezzo quando il titolo scende al di sotto di un certo livello. Quindi, diciamo che le azioni IBM sono attualmente scambiate a € 45. Acquisti una chiamata coperta che dice che il negozio venderà per € 40 per azione. Quindi, la posta in gioco sale a € 47 e ottieni quelle azioni per € 40. In sostanza, risparmi € 700 sul prezzo delle azioni. Se in qualche modo scende a € 39, non puoi esercitarti e poi finisci per perdere il premio, qualunque esso sia.

Rolling e gestione delle posizioni in opzione

A volte, come trader, desideri apportare modifiche alle tue posizioni e operazioni. Apporti questi cambiamenti e aggiustamenti quando vedi cambiamenti nel mercato che influenzano la tua carriera ma non erano previsti. Esistono diversi modi per gestire le negoziazioni e uno di questi metodi è chiamato posizioni a rotazione.

Gestione del denaro

La gestione del denaro non è un aspetto nuovo nel mondo della gestione finanziaria. È iniziato con l'ascesa del capitalismo. Quando l'economia era sotto un sistema dominato da proprietari privati, avevano la loro terra privata e beneficiavano dei profitti. La gestione del denaro è iniziata intorno al 1600 e le persone sopravvivono solo se dipendono dall'efficacia con cui guadagnano. Per avere successo finanziario oggi come oggi, è necessario avere la capacità e l'entusiasmo per risparmiare di più e investire di più.

La gestione del denaro è un termine che si riferisce ai molti modi in cui le persone gestiscono le proprie risorse finanziarie. Intervallo tra il budget relativo al proprio reddito. La gestione del denaro implica la pianificazione e l'acquisto di articoli importanti per te. Senza una pianificazione adeguata e una mancanza di capacità di gestione del denaro, l'importo di una persona sarà sempre insufficiente.

Prima che qualcuno intraprenda il proprio viaggio nella gestione del denaro, è necessario essere consapevoli delle attività e delle passività. Alcuni esempi personali e immobiliari sono automobili, case, piani pensionistici, investimenti e conti bancari.

D'altra parte, i punti deboli personali sono prestiti, debiti e mutui. Per conoscere la tua ricchezza, dovresti capire la differenza tra le tue attività e le tue passività. Se le sanzioni sono più significative delle attività, hai un patrimonio netto inferiore. Con eccellenti capacità di gestione del denaro, puoi evitarlo.

L'impostazione degli obiettivi aiuta con la gestione del denaro. Senza fissare un obiettivo, bisogna preoccuparsi della gestione quotidiana delle fatture. Ciò può avere un impatto negativo sui tuoi obiettivi a lungo termine. Stabilendo degli obiettivi, hai una visione chiara dei costi richiesti e devono essere evitati. Un esempio perfetto è che se vuoi comprare un'auto da € 30.000, il tuo obiettivo è tagliare le spese per poterlo raggiungere. Lo stesso discorso vale per qualsiasi altra cifra e obbiettivo.

Dopo aver pianificato e conosciuto i tuoi obiettivi, inizia a creare il tuo budget. Un budget è una stima del reddito nel tempo, uno strumento che ti aiuterà a gestire bene i tuoi soldi. Su un account, puoi risparmiare denaro e ridurre al minimo gli acquisti d'impulso. Un esempio di budget ragionevole è l'assegnazione di € 250 per l'intrattenimento e varie spese al mese dopo aver soddisfatto le esigenze di base. Man mano che il tuo reddito aumenta, ti consigliamo di aggiungere il reddito aggiuntivo al tuo piano di risparmio e di non aggiungerlo al tuo budget di spesa. Il budget implica la gestione di più account. Ad esempio, potresti avere un fondo di emergenza e un conto di risparmio. In questo modo, eviti la tentazione di spendere i soldi per acquisti d'impulso. Il piano pensionistico dovrebbe essere tenuto separato dagli altri depositi. Esistono vari software che puoi utilizzare per gestire il denaro. Un esempio di software per la gestione del denaro è Quicken. Aiuta a tenere traccia dei tuoi account multipli e garantisce che i tuoi obiettivi di risparmio e spesa avvengano nel modo giusto.

I vari aspetti della gestione del denaro includono l'analisi, la pianificazione e l'esecuzione di un portafoglio finanziario. Il portafoglio finanziario include tipi di investimenti, tasse, risparmi e attività bancarie. Incorporare la governance; ci sono variabili economiche che possono influenzare le finanze della tua azienda. Le migliori capacità di gestione del denaro sono essere in grado di accedere e controllare tutti i fattori che possono influenzare la tua condizione finanziaria. Puoi raggiungere gli obiettivi prefissati attraverso un'eccellente gestione del denaro: il sogno di possedere una casa senza contrarre prestiti e vivere una vita senza stress e senza debiti. Prepara un piano migliore per affrontare gli eventi imprevedibili che possono influire sulle tue finanze, come la perdita del lavoro, una malattia grave. La gestione del denaro può aiutarti a risparmiare, il che coprirà i tuoi eventi imprevisti.

Internet è una rete informatica globale che contiene informazioni e fornisce comunicazioni. Le esigenze bancarie, di investimento e assicurative non esistevano prima. In passato, i clienti hanno avuto limitazioni nel prendere decisioni sui loro affari finanziari, con meno informazioni sulle opzioni delle loro aree locali. A causa della mancanza di connessione a Internet, c'erano limitazioni e restrizioni per trovare le informazioni corrette. Le persone dovevano acquistare vari articoli, come mobili ed elettronica.

Investire può sembrare incredibilmente difficile. Potresti essere intimorito quando inizi a investire. Puoi anche scegliere tra migliaia di azioni e almeno altrettanti fondi.

Quindi, sarebbe utile se decidessi quando è il momento di comprare e vendere. Per un principiante, il mercato azionario può sembrare incredibilmente redditizio, rischioso e confuso. Alcune lezioni di base sul mercato azionario possono salvarti dagli errori e dalle insidie più comuni. In questo modo, rimarrai motivato a saperne di più su come investire.

Lo trovi difficile. O forse esiste una semplice strategia che può aiutare i principianti nel loro viaggio. Coloro che vogliono investire con successo mantengono le cose semplici. Segui queste guide semplificate mentre inizi la tua avventura di investimento. Potrebbe segnare l'inizio di qualcosa di veramente straordinario nella tua vita. L'unica cosa che differenzia gli investitori di successo dal fallimento è il numero di passaggi attuabili che hanno intrapreso per capitalizzare le preziose informazioni a loro disposizione.

Analisi Tecnica

Una mappa di candelabri comprende una serie di singole candele o barre come a volte vengono chiamate. Ogni candela rappresenta ciò che è accaduto al prezzo in un determinato intervallo. L'intervallo dipende dal lasso di tempo considerato. Ad esempio, su un grafico giornaliero, ogni candela rappresenta ciò che è accaduto al prezzo durante un'intera giornata.

Ogni candela è composta da tre parti:

- Corpo
- Lo stoppino
- Coda

Il corpo si riferisce alla parte sostanziale che vedi in tutte le candele. Una barra ribassista, o una barra il cui prezzo è stato abbassato durante l'intervallo di tempo, è rappresentata da un corpo nero solido. Un solido corpo bianco rappresenta una barra rialzista in cui il prezzo è aumentato nel tempo.

Nelle barre ribassiste, il livello in cui il prezzo ha iniziato l'intervallo (aperto) è indicato dalla parte superiore del corpo e il livello in cui il prezzo è finito (chiusura) il contenuto è contrassegnato dal corpo inferiore. Il modello è capovolto su barre rialziste con la parte inferiore del corpo che indica l'apertura e la parte superiore che mostra la chiusura.

Lo stoppino si riferisce alla linea verticale che si estende oltre il corpo della candela. Ciò indica il livello più alto a cui si è spostato il prezzo durante questo intervallo. La coda è la linea verticale che sporge dalla parte inferiore del corpo, distinguendo il punto più basso in cui si è spostato il prezzo in quella fascia.

Le dimensioni relative di tutti e tre gli elementi possono darci molte informazioni su ciò che è accaduto durante un lasso di tempo. Perché più si muoveva il prezzo, maggiore era la forza dietro quel movimento. Anche le dimensioni dello stoppino e della coda forniscono importanti indizi. Uno stoppino lungo indica che i tori hanno cercato di aumentare i prezzi ma sono stati respinti dagli orsi. Se questo rifiuto non fosse avvenuto, avremmo visto un grande corpo di candela in quella direzione invece di un corpo più piccolo e uno stoppino grande.

Allo stesso modo, una lunga coda suggerisce che gli orsi hanno cercato di spingere i prezzi verso il basso ma sono stati respinti dai rialzisti. Tutti i grafici ora utilizzano le candele per rappresentare il prezzo. Mentre le singole candele ci danno indizi su cosa è successo in un unico intervallo, il trucco per far funzionare l'analisi tecnica per te è quello di rompere le candele in parti gestibili e quindi valutare cosa sta succedendo lì. Ciò significa che devi imparare tutto su tendenze e aree.

Spread di credito e di debito
Come funzionano gli spread di credito?

Uno spread di credito è vantaggioso perché il venditore raccoglie più premi rispetto alle opzioni. Ad esempio, se il trader vende un'opzione per € 1000 e acquista un'altra opzione a un prezzo di esercizio inferiore di € 75, ha un risultato netto di € 25. Ciò viene definito credito perché lui o lei incassa più di quanto paga. Lo spread del credito call affronta una prospettiva in calo e si basa anche sullo sfasamento temporale. I profitti si ottengono quando i prezzi delle azioni scendono. Il rendimento per 100 azioni viene calcolato utilizzando la seguente formula:

Ottieni credito x 100 = profitto

La perdita per 100 azioni viene calcolata utilizzando la seguente formula:

(Larghezza dei due prezzi di esercizio - credito ricevuto) x 100 = perdita

Il sorteggio viene calcolato utilizzando la seguente formula:

Il prezzo di esercizio della short call - credito ricevuto = punto di pareggio

I Greeks

Ecco quattro Greeks chiamati Delta, Gamma, Vega e Theta che quantificano come cambierà il prezzo di un'opzione se cambiano i fondamentali. Non è necessario capire come vengono calcolati i Greeks. È necessario sapere cosa significano in modo da poter cercare un'opzione e utilizzare i suoi valori calcolati per effettuare stime delle imminenti variazioni di prezzo.

Strumenti e regole per il trading di opzioni

Gli strumenti utilizzati nel trading di opzioni

Negli ultimi giorni, dovevi chiamare un agente di cambio per investire in azioni, ed erano troppo costose. Esistono strumenti come i siti web degli agenti di borsa e le app di trading per aiutarti a fare trading di azioni con la tecnologia odierna. Sia i trader professionisti che gli aspiranti trader desiderano monitorare attivamente il mercato e le nuove opportunità e gestire i propri conti e le attività di trading. Con gli strumenti giusti, il trading diventa semplice ed efficace. Esamineremo gli strumenti che puoi utilizzare per il trading di opzioni per rendere il trading molto più rilassato e senza stress. Esamineremo le app disponibili e descriveremo quali sono le migliori per il trading di opzioni. I rivenditori possono accedere a queste app sui loro laptop, tablet e smartphone. Le app sono personalizzate per aiutare i trader di opzioni e altri investitori a negoziare opzioni.

Go Options

Questa app è gratuita e mostra il divertimento del trading di opzioni. L'app non contiene denaro reale, quindi non ci sono restrizioni di trading. Questa app offre criptovaluta per il trading di opzioni, comprese azioni e materie prime. Questa app è eccellente per gli aspiranti trader in quanto fornisce ai nuovi trader una guida di 30 minuti su come apprendere le basi del trading. Go Options è disponibile per gli utenti di smartphone Android e iOS.

IQ Option

Questa app è pensata per i trader esperti che sono avventurosi. Questa app richiede denaro reale per essere utilizzata. L'opzione IQ è disponibile per gli utenti di smartphone Android e IOS. Per fare trading con denaro reale è richiesto un deposito minimo di 10 € e un prezzo di investimento di 1 EUR. L'app offre account VIP e pre-VIP per gli utenti che preferiscono questi servizi. Il vantaggio dell'opzione IQ è che hai accesso ai tuoi soldi e alle tue vincite in ogni momento, poiché non è richiesto un importo minimo per prelevare. Lo svantaggio dell'app è che stai rischiando il tuo capitale.

Robin Hood

Robinhood ha un sito web e un'app mobile. Viene considerata una delle migliori app di trading in circolazione. La funzione principale dell'app è tenere traccia delle tue azioni e di quelle che hai aggiunto alla tua lista di controllo. L'app è facile da usare. Per iniziare a fare trading, tocca il titolo che desideri negoziare, accedi allo scambio sull'app e possiedi il titolo senza commissioni di negoziazione. Per un account normale, non avrai accesso ad alcuni allegati, ad esempio a fondi comuni di investimento. Ora hai accesso a azioni, ETF e Bitcoin. Tuttavia, puoi passare a un account Premium Gold. Con questo aggiornamento, hai accesso al trading con margine maggiore, inoltre anche l'orario di trading viene esteso.

Acorns

Acorns è ideale per gli aspiranti traders. L'app ti chiederà di collegare il tuo conto bancario. Tiene traccia delle tue spese e acquisti e trasferisce i dati per l'investimento all'account Acorns. Questo processo può essere eseguito anche manualmente. Quando il denaro viene depositato nel rapporto, l'app crea un portafoglio di azioni e investimenti in obbligazioni. Il portfolio si basa sul questionario che hai compilato quando ti sei registrato nell'app. L'app si concentra sugli ETF per creare un portafoglio che corrisponda agli obiettivi di investimento che hai impostato.

Stash

La migliore app di trading per principianti per aiutarli a prendere decisioni di investimento. È un'app di trading e investimento. È la scelta migliore per le tue esigenze. Stash addebita € 5 per avviare un investimento, offre assistenza per gli stessi e ti fornisce maggiori informazioni sulle tue risorse. L'app contiene anche articoli e suggerimenti importanti per aiutarti a migliorare le tue conoscenze sugli investimenti. Le tue finanze confluiscono in singole azioni ed ETF che sono integrati in vari temi di investimento. Stash ha anche un coach di investimento integrato.

Inventory

Puoi utilizzare l'inventario per acquistare e vendere azioni. Puoi anche regalare singole azioni o acquistare alcune di esse con una commissione di conversione minima di 99 centesimi. Il tuo account potrebbe consentirti di acquistare azioni di alta qualità come Google e Amazon tramite accordi parziali. E non devi pagare € 1.000 o più per azione. Hai anche la possibilità di acquistare una parte delle azioni al minor costo del tuo investimento. La fornitura è molto adatta alle famiglie grazie all'acquisto e alla donazione di parti di una funzione di deposito. I bambini, gli adolescenti e l'intera famiglia possono avere portafogli e possono insegnare ad ognuno di essi l'importanza di investire. Questo può diventare un business di famiglia. Insegna ai tuoi figli come guadagnare, investire, comprare azioni o fare donazioni. Con il loro coinvolgimento, possono costruire un prezioso portafoglio.

Charles Schwab

Con l'app puoi gestire i tuoi investimenti e conti bancari in un'unica applicazione. Schwab ha anche una funzione che ti consente di trasferire denaro, depositare assegni e gestire le tue finanze. Puoi di nuovo acquistare e vendere azioni, ETF e fondi comuni di investimento. Schwab è una delle preferite dai viaggiatori internazionali in quanto offre una carta bancomat aggiuntiva con ogni viaggio senza costi aggiuntivi. Schwab è facile da usare; Puoi accedere ai tuoi dispositivi Android, Apple e Kindle Fire per rivedere i tuoi investimenti. Puoi anche pagare le bollette tramite l'app.

TD Ameritrade

L'app è semplice da usare e facile per navigare. È adatta ai nuovi trader di opzioni. TD Ameritrade fornisce accesso 24 ore su 24,

7 giorni su 7 all'assistenza clienti per telefono e anche tramite e-mail. L'utente può anche visitare i suoi numerosi uffici locali per assistenza, ed il servizio può indagare sui suoi utenti. TD Ameritrade non ha commissioni nascoste e commissioni di piattaforma e non ci sono commissioni di negoziazione minime. L'app addebita una tariffa fissa di € 6,95 per la negoziazione di azioni e € 0,75 per contratto.

Trade Station Mobile

Questa app è una delle app più apprezzate ed è gratuita per tutti i clienti di Trade Station. Gli utenti possono visualizzare diversi contratti di opzioni con prezzi e date di scadenza diversi. L'app Trade Station fornisce informazioni aggiornate a cui i trader possono accedere e possono condurre analisi delle opzioni. Inoltre, i trader possono visualizzare grafici con vari indicatori tecnici.

L'app ha funzioni di notifica e i trader possono monitorare le variazioni di prezzo e altri indicatori. Trade Station è un'app di trading a servizio completo che fornisce accesso a azioni, futures su opzioni e persino trading forex.

Covered calls

Esploreremo una strategia di trading che è un ottimo modo per vendere opzioni per i principianti. Questa strategia è nota come covered calling (chiamata coperta). Per copertura, intendiamo che hai un tuo bene che protegge dalla potenziale vendita delle azioni sottostanti. In altre parole, possiedi già le azioni. Allora perché dovresti scrivere un'opzione call su azioni che già possiedi? La base di questa strategia è che non ti aspetti che il prezzo delle azioni si muova in modo significativo durante la durata del contratto di opzione, ma piuttosto che desideri generare liquidità a breve termine sotto forma di premi che puoi raccogliere. Questo può aiutarti a sviluppare un flusso di reddito a breve termine. Devi strutturare attentamente le tue chiamate.

L'impostazione delle chiamate coperte è un rischio relativamente basso e ti aiuterà a familiarizzare con molti aspetti del trading di opzioni. Anche se probabilmente non sarà produttivo dall'oggi al domani, è un ottimo modo per imparare gli strumenti del mestiere.

Collar strategy

La collar strategy è un metodo di trading estremamente flessibile che puoi utilizzare per posizioni sia a breve che a lungo termine. Se lo stai utilizzando per posizioni a lungo termine, assicurati di avere già guadagni significativi non realizzati. Questo perché la collar strategy impone un limite massimo di rinforzo.

D'altro canto, limita anche la tua perdita al ribasso, il che è molto utile per strategie speculative a breve termine. Intendiamoci, quando dico a breve termine, parlo ancora di mantenere la posizione per almeno un mese per approfittare del decadimento temporale. Se hai un posto che ti ha fatto guadagnare un sacco di soldi da una prospettiva di investimento a lungo termine ma non sei sicuro di come andrà a breve termine o se non sei sicuro che andrà molto oltre nel lungo periodo, puoi farlo. La collar strategy viene usata per spremere le ultime gocce di reddito dal trading o per essere esportati. Questa strategia introduce un altro livello di complessità:

- Una long position sul mercato azionario
- Un lungo put protettivo o married put
- Una rapida richiesta di copertura

Stiamo aggiungendo una protezione lunga alla strategia di chiamata coperta. Questo aiuta a coprire lo svantaggio e si aggiunge ai vantaggi di una chiamata coperta.

Tecniche di trading con analisi fondamentale

Il trading di opzioni implica l'analisi del movimento del mercato, della direzione o della non direzione del mercato. Le opzioni includono la previsione di dove andrà il mercato, per quanto semplice possa sembrare. Per fare questo, il mercato deve essere analizzato con i giusti parametri.

Ciò indica cosa effettivamente stia muovendo il mercato e come possiamo seguire questi parametri per prevedere la prossima mossa.

Devi aver guardato la CNN, la BBC, la CNBC o uno dei principali canali di notizie del mondo per ricevere le ultime notizie riguardanti i mercati. A volte potresti chiederti se alcune informazioni finanziarie indipendenti spingono i bisogni mentre il nuovo analista inizia a discutere di come alcuni disastri politici o naturali hanno fatto salire o scendere il mercato.

Già! Catastrofi naturali o disastri come terremoti, incendi boschivi, inondazioni e uragani di solito colpiscono il mercato e possono causare un aumento o una diminuzione dei prezzi delle azioni. Queste notizie sono note come i fondamenti del trading di mercato. Tuttavia, nessuno può prevedere che tali disastri prenderanno posizione prima che si verifichino e generino enormi profitti.

Perché la leva finanziaria è più rischiosa?

Un altro rischio significativo è quello della leva finanziaria. Poiché le opzioni non costano quanto le azioni, subiscono aumenti di prezzo percentuali sproporzionatamente elevati in risposta a piccoli movimenti di prezzo nel titolo sottostante molto più costoso. Il vantaggio significativo di ciò è che se il titolo sottostante si muove nella direzione prevista, si ottengono guadagni percentuali elevati anche se di importo esiguo. Tuttavia, lo svantaggio è che se il titolo si muove nella direzione sbagliata anche di un importo minimo, si tradurrà anche in una cancellazione del 100% dell'investimento. Questo non è necessariamente un problema per i principianti, o almeno non dovrebbe esserlo, poiché il rischio si manifesta principalmente negoziando una posizione ingente. Tuttavia, sebbene la leva finanziaria sia vantaggiosa, devi essere consapevole che può anche essere un'arma a doppio taglio. Quindi, tieni presente che la leva finanziaria è un rischio che deve essere affrontato. Un modo semplice per annullare o ridurre al minimo questo rischio è mantenere piccole le dimensioni della posizione.

Dopo tutto, le opzioni come le conosciamo hanno un valore temporale (valore estrinseco) ed un valore intrinseco (in valore monetario), che sono un'altra spada a doppio taglio. Per gli acquirenti di opzioni, il decadimento temporale agisce come un vento contrario in quanto riduce continuamente l'importo dell'opzione. La dipendenza da un movimento più ampio del prezzo delle azioni aumenta per raggiungere il punto di pareggio. Per gli scrittori di opzioni, questa è una brezza ventosa, poiché un reddito premio costante può aiutarti a realizzare un profitto indipendentemente dal fatto che le azioni si muovano o meno.

Deflazione contro inflazione
Come affrontarli?

In questo e negli altri libri della nostra serie, hai sentito molto parlare di inflazione. Svolge un ruolo fondamentale nel commercio di valuta estera poiché le banche centrali gestiscono la loro politica monetaria in base al livello di inflazione.

La maggior parte delle banche centrali considera l'obiettivo del due per cento salutare per una crescita economica costante, ma ciò potrebbe cambiare in futuro. Per ora questa è la strategia delle banche centrali di tutto il mondo. L'inflazione si riferisce ad un aumento del prezzo di beni e servizi. Stimola il consumo e il consumo è l'unica cosa che fa crescere un'economia.

Ecco un esempio. Supponi di voler comprare qualcosa, come un computer. Se il prezzo del computer sale anche di poco in un breve periodo, sarai tentato di acquistarlo prima per paura di doverlo pagare di più in futuro. In altre parole, non rinvii la decisione di acquisto. Il venditore effettuerà un ordine con il produttore, il produttore inizierà a costruire forniture, le persone avranno un lavoro sicuro e il governo dovrà pagare meno indennità di disoccupazione. Per non parlare del fatto che le persone sono più felici perché un'economia in crescita porta alti livelli di soddisfazione personale.

Questo è il motivo per cui l'inflazione è essenziale per la banca centrale. Se supera l'obiettivo del due percento, la banca centrale verrà allertata. C'è un grande giro di interscambio di soldi nell'economia e la banca verrà "svuotata" aumentando i tassi di interesse.

In questo modo, le banche commerciali sono incoraggiate a interrompere i prestiti alle imprese e alla popolazione in generale e ad investire semplicemente le loro riserve in eccesso in depositi a vista presso la banca centrale. In cambio, ottengono tassi di interesse garantiti senza assumersi i rischi inutili associati ai prestiti.

Dalla semplice generazione di reddito alla chiamata

Non vedere il day trading come una corsa disperata per denaro. Le persone che ieri avevano bisogno di soldi non dovrebbero nemmeno pensare seriamente al day trading. Chiudi questo libro e trova un lavoro. Non lo sottolineerò mai abbastanza.

Se sei in guai seri, non dovresti cercare soldi facili online. Sarebbe utile se non pensassi al day trading come una soluzione rapida a tutti i tuoi problemi finanziari. Questa è una ricetta per il disastro finanziario. Se ti senti in un buco ora, peggiorerà. Se fai le cose per disperazione, attirerai il fallimento. È così che funziona. Non pensi chiaramente. Ti concentri su ciò che ti manca e spesso perdi di vista il quadro generale.

Devi avere la giusta mentalità e capire che il day trading non riguarda solo generare reddito. Sebbene il trading faccia un ottimo lavoro nel fornire entrate sostanziali a molte persone da tutto il mondo, in realtà è più di questo. È un'opportunità. Penso che sia un'avventura perché ogni singolo giorno è diverso dal giorno precedente. Inoltre, ogni giorno ho un'ottima opportunità per conoscere la psicologia del mercato, che può essere vista negli alti e bassi delle azioni che commercio e di me stesso. Conosco i miei stati emotivi. Sto imparando i miei trigger e tutte queste scoperte personali sono molto eccitanti per me. Sono principalmente spinto dalla sete di imparare qualcosa di nuovo.

Sarebbe utile se adottassi qualcosa di simile. Concentrati sull'avventura, su come cambierai e migliorerai nel tempo. Per favore, non fare errori al riguardo; il day trading ti metterà alla prova. Metterà alla prova il tuo livello di autodisciplina, la tua capacità di controllare i tuoi impulsi e la tua efficacia nel fissare gli obiettivi. Invece di vederli come fastidi o problemi che devi superare per ottenere un grande giorno di paga, considerali come ricompense in sé.

Essere più disciplinati è positivo. Essere in grado di controllare le tue emozioni è un enorme vantaggio. Imparare a fissare obiettivi per avere maggiori possibilità di diventare una realtà è una grande abilità.

Concentrati su questo invece che sui soldi. Bene, non sto dicendo che dovresti assolutamente ignorare l'aspetto della generazione di reddito del day trading. Tuttavia, il punto è che ci sono altre importanti considerazioni che dovresti tenere a mente. Questi sono di uguale, se non di più, importanza.

Resta appassionato

Ancora una volta, non puoi pensare al day trading con una mentalità disperata. Attraverso i miei anni di esperienza su questo pianeta, ho imparato che più sono disperato per ottenere un risultato, meno probabile è il risultato. La disperazione sembra negare il successo.

Qual è il contrario di disperazione? La risposta è semplice: passione. Quando sei appassionato, sei curioso. Quando sei sincero, sei innamorato di quello che fai. Ogni piccola rivelazione ti eccita. Non si tratta dei tuoi sentimenti in quanto tali; Riguarda il tuo bisogno interiore di raggiungere il livello successivo. Impara i modelli. Concentrati sui tuoi passi di maggior successo. Se puoi farlo, data la disciplina che stai costruendo, puoi trasformare "negoziazioni positive" in negoziazioni prevedibili. Questo è il vero segno della competenza.

I day trader che realizzano un reddito significativo dal commercio sono stati abbastanza fortunati da produrre risultati prevedibili. Per ogni scambio, i risultati potrebbero non essere così impressionanti, ma date le ingenti somme negoziate, è facile capire perché guadagnano decine di migliaia, se non centinaia di migliaia, ogni giorno. La buona notizia è che, se vuoi, puoi farlo anche tu.

Piattaforme di trading

Supponi di essere un trader esperto e di voler cogliere l'occasione per entrare nel mercato. In tal caso, probabilmente sai cosa aspettarti da un broker, come piattaforme di trading complete, strumenti strategici innovativi, ricerca premium e costi bassi. Abbiamo selezionato alcuni dei migliori broker che puoi utilizzare solo in diverse categorie per sceglierne uno in base alle tue priorità. Questi broker hanno ottimi prezzi rispetto ai loro concorrenti e hanno ottimi strumenti e piattaforme di trading:

Interactive Brokers e Options House offrono una potente combinazione che ogni trader desidera: piattaforme e strumenti di trading avanzati abbinati a commissioni basse. I broker interattivi sono solitamente la scelta dei trader che preferiscono i prezzi per azione e possono ottenere un conto minimo di €

10.000 con una commissione mensile minima di € 10. Ciò ha un impatto minore sulla sua valutazione. D'altra parte, Options House offre ai trader una tariffa fissa e non richiede un saldo minimo. Lo svantaggio è che non hanno il forex trading. Interactive Brokers ti dà accesso a forex, futures e metalli preziosi. Questi broker offrono le piattaforme più potenti disponibili senza commissioni o commissioni minime.

Options House e Interactive Brokers hanno piattaforme potenti. Anche Charles Schwab e TD Ameritrade superano gli altri. TD Ameritrade ha probabilmente la migliore piattaforma, con Think or Swim e Trade Architect che sono molto facili da usare. Charles Schwab ti offre anche due fantastiche piattaforme: Streetsamrt.com è un'ottima piattaforma per i principianti. Street-smart Edge ha una funzionalità avanzata per i grafici. Entrambi possono essere utilizzati dai trader e non richiedono livelli di equilibrio o attività. Ricorda, c'è un saldo evitabile di almeno € 1.000. Questi broker forniscono strumenti potenti e prezzi competitivi per i trader di opzioni:

Trade Station e Options press sono altre due ottime opzioni per i trader. Dipende da cosa stai cercando in termini di attività di trading e requisiti della piattaforma che ti piacciono di più. Trade Station è più rivolta ai trader professionisti. Questa piattaforma costa € 99,95 ogni mese. La negoziazione di almeno 5.000 azioni, dieci opzioni futures o contratti futures round turn e 50 contratti di opzione. I prezzi di Trade Station sono economici per i grossisti che concedono garanzie, tariffe forfettarie o sconti per volume. Options Press non richiede negoziazione o saldo minimo, non comporta costi aggiuntivi o offre commissioni competitive e non ha scambi intensivi. Gli scambi con OptionsXpress costano solo € 1,25 per contratto per i trader attivi e hanno una commissione minima di € 12,95 per dieci o meno accordi. I trader che utilizzano i margini dovrebbero dare la priorità ai tassi di margine del broker durante la ricerca. Questi broker online hanno i tassi di margine più bassi:

Nessuno degli altri può avvicinarsi a Interactive Brokers se guardi i tassi di margine. Se essi sono la tua priorità, questa è un'opzione eccellente per te. Questo broker ti addebiterà una commissione raggruppata in base al saldo del tuo conto, ma ha anche una calcolatrice che i trader possono utilizzare per velocizzare i loro calcoli. I broker interattivi hanno un minimo di trading mensile. I requisiti di deposito dell'opzione sono molto più bassi e c'è un requisito di trading più ragionevole. Fanno pagare una commissione di inattività di € 50 solo se non fai trading almeno due volte l'anno o se hai meno di € 100.000 di debito o saldo. Entrambe le opzioni hanno commissioni competitive sulle opzioni e sulle negoziazioni di azioni.

Ordini Daily Trade

La compravendita di azioni implica molto di più che vendere e acquistare beni e azioni. Ordini diversi vengono utilizzati in ciascuna tecnica di trading. Ogni ordine viene creato per eseguire un'attività specifica nel mercato. Diamo un'occhiata ad alcuni degli ordini che puoi usare nel day trading e come puoi usarli.

L'ordine di mercato è uno degli ordini più diretti da raccogliere. Può essere suddiviso in due parti: ordini di acquisto di mercato e richieste di vendita di mercato. Questo ordine fornisce informazioni sul prezzo di mercato. Ad esempio, quando crei un ordine di mercato per acquistare un asset o un derivato specifico. Noterai un elenco di tutti i venditori e il prezzo dei loro titoli. Quando annulli un ordine di vendita, puoi accedere a un elenco di acquirenti disponibili con i loro prezzi di offerta. I day trader utilizzano gli ordini di mercato per entrare e uscire dalle negoziazioni più velocemente, ovvero quando i prezzi cambiano drasticamente.

Tuttavia, lo svantaggio degli ordini di mercato è che non puoi mai ottenere l'esatto prezzo di apertura o chiusura di un'operazione. I prezzi dipendono sempre dal volume delle azioni che scegli.

L'ordine di acquisto stop viene effettuato dai trader giornalieri che desiderano acquistare azioni a un prezzo superiore al prezzo corrente. L'ordine viene eseguito quando la tariffa supera il prezzo di stop specificato. L'ordine viene utilizzato principalmente per limitare le perdite da una posizione di negoziazione corta quando i prezzi di mercato si muovono in una direzione sfavorevole. L'ordine di vendita stop viene utilizzato quando il prezzo scende al di sotto della tariffa corrente delle azioni. Se aumenti questo ordine, può essere eseguito solo se il prezzo di stop è maggiore o uguale al prezzo corrente delle azioni. I day trader utilizzano questo tipo di ordine per uscire da operazioni lunghe che hanno preso una direzione di perdita.

L'ordine di acquisto limite viene inserito quando il day trader desidera acquistare a un prezzo inferiore rispetto il prezzo corrente delle azioni. Questo ti dà la possibilità di controllare la quantità di denaro che paghi per una particolare posizione di acquisto. Quando produci un ordine limite di acquisto, puoi acquistare azioni solo al prezzo corrente o inferiore, non al prezzo più alto. Uno svantaggio di questo tipo di lavoro è che non sei mai sicuro che verrà eseguito. Se il numero di azioni continua a superare il prezzo corrente, non sarà possibile acquistarle.

L'ordine con limite di vendita è l'opposto dell'ordine con limite di acquisto. Quando aumenti questo ordine, mostri la volontà di vendere un'azione o un'attività a un prezzo superiore al prezzo corrente dell'azione. Come per l'ordine con limite di acquisto, puoi evadere questo ordine solo se il costo supera il prezzo corrente. Lo scopo di questo ordine è che otterrai un profitto su ogni operazione lunga che fai. L'ordine di acquisto stop limit funziona allo stesso modo dell'ordine di acquisto stop, tranne per il fatto che opera in modo diverso dall'ordine di mercato. Questo ordine viene completato quando il prezzo delle azioni raggiunge più o meno il limite di stop buy. Ti impedisce di pagare più dell'importo previsto su ogni scambio, riducendo così il numero di perdite che potresti subire.

Ordine Sell Stop Limit: Anche l'ordine Sell Stop Limit svolge lo stesso ruolo dell'Ordine Sell Stop ma non imita l'ordine di mercato. Questo tipo di ordine viene eseguito solo quando il prezzo dell'azione raggiunge un importo pari o superiore al prezzo limite di stop. L'impostazione dell'ordine sbagliato per le tue attività di trading quotidiane può causare problemi. Più ti eserciti sul loro uso, meglio capirai come e quando applicarli.

Strategie di trading del Main day

Utilizzare un sistema di gestione efficace per i tuoi soldi può aiutarti a realizzare un profitto anche se hai solo quattro operazioni redditizie su 10. Quindi, prenditi il tempo per esercitarti, pianificare e infine strutturare i thread che esegui in base a come gestisci i tuoi soldi e come viene allocato il tuo piano di capitale.

Prendi in considerazione le commissioni che il broker ti addebita. Nel day trading, vedrai transazioni frequenti che si traducono in costi di intermediazione proibitivi. Una volta che hai svolto la tua ricerca a fondo, puoi pianificare la giusta società di intermediazione per eseguire un piano attentamente ponderato. Se vuoi scambiarne solo uno o due al giorno, devi trovare un broker che addebiti per operazione. Se prevedi di cambiare ogni giorno, il volume sarà alto. In questo caso, dovresti utilizzare un piano tariffario a più livelli. Maggiore è il lavoro, minore è il costo. Puoi anche beneficiare di una tariffa fissa. Questo offre scambi illimitati per un'elevata qualità stabilita.

Commercio e tempo

Quando si pensa ai diversi veicoli di investimento, se non alla pratica di investire in generale, non si può ignorare il fattore tempo. Questo è uno dei fattori che potrebbe scoraggiare il commerciante. Ma perché?

In questi tempi siamo così abituati al concetto di tutto e subito, e non possiamo più aspettare. Chiediamo tutto direttamente e perdiamo anche la cognizione del tempo e il prezioso valore dello stesso.

Sfortunatamente, nel trading online, non puoi aspettarti di avere tutto subito. Tuttavia, soprattutto, non puoi aspettarti di diventare un trader esperto e professionale in meno di un mese o peggio di una settimana.

Non puoi pensare di diventare un abile trader se non vuoi studiare ed esercitarti! Nel trading online e negli investimenti in generale, ci vuole tempo per imparare a fare trading. Un altro consiglio che al momento è poco pratico è trovare un investimento e un'attrezzatura degni, professionali di valore.

Nel trading, questo deve essere fatto in modo ponderato e professionale. Ad esempio, se stiamo negoziando una strategia di trading basata sul forex trading, con un payout massimo del 65% per un trade completato con successo, dobbiamo considerare che dobbiamo investire soldi per lavorare con una particolare strategia.

Se stai seguendo l'andamento del mercato, è controproducente uscire da esso poiché non solo perderai il tuo capitale, ma potresti non ottenere il rendimento che desideri. Ecco perché il tempo è denaro e non dovrebbe essere sprecato inutilmente. Soprattutto, la fretta è una cattiva compagna.

Il fattore tempo è anche uno dei principali fattori che scegli per affidare al meglio il tuo capitale ad un professionista finanziario scelto da te. Molto spesso, però, questa fiducia non viene sempre ripagata con un aumento di capitale. Frequentemente questo capitale viene completamente perso.

Limita i danni causati dal Social Commerce

Molti si chiedono se il social trading sia la strategia giusta per non perdere tempo e guadagni. Prima di proseguire, ci teniamo a ricordarvi che il social trading non è una forma di trading priva di rischi, anche se, in questo caso, il rischio è minimo. Per il social trading, riteniamo sia essenziale lavorarci per almeno 9-12 mesi. Questo è per una semplice ragione. Prima di decidere su un sistema di investimento, è necessario visualizzare la performance per almeno un anno. In questo senso non è necessario seguire un trader 24 ore al giorno, 365 giorni all'anno, solo che è necessario avere tutti i dati di tutte le operazioni effettuate durante l'anno, eventualmente con l'ausilio di appositi strumenti per facilitare la lettura.

Una volta capito come fare trading, ma soprattutto quanto negoziare e con chi fare trading, devi considerare il rischio che vuoi correre. Oltre questo limite, è consigliabile lasciarli soli. Nella maggior parte dei casi, le condizioni in base alle quali è stata presa una particolare decisione di investimento devono essere fondate in modo solido affinché l'investimento generi un rendimento. Per questo basta un periodo di 12 mesi per capire se il tuo investimento è giusto o sbagliato.

Come fai a fare del day trading il tuo lavoro?

Dopo aver aperto un conto di intermediazione e iniziato a fare trading di azioni, non è necessaria una licenza. Se vuoi lavorare per un'azienda per scambiare azioni, devi acquistare una licenza della serie 7. Ciò richiede un certo numero di ore in una classe e un test che ti darà l'incarico come agente di cambio. Per vendere e acquistare azioni per altri, anche come la tua azienda, hai bisogno di una licenza. Per i tuoi guadagni finanziari personali, puoi utilizzare un conto di intermediazione online e fare soldi per te stesso.

La licenza Serie 7 è un test che viene eseguito dopo aver completato un certo numero di ore di formazione e apprendimento. Un lavoro che negozia azioni, obbligazioni e altri titoli. È quindi inevitabile cogliere le linee guida stabilite dalla SEC. Questi regolamenti richiedono la presenza di un regolatore del settore finanziario. Questo requisito stabilisce che avrai bisogno di un agente di cambio e di un agente di licenza per i titoli. Esistono diverse opzioni per le registrazioni FINRA. Ancora più importante, tuttavia, è richiesto il rappresentante registrato per i titoli disponibili. Devi completare una lezione e superare il test chiamato esame della serie 7. Alcuni esami limitati possono fornire funzionalità di qualificazione limitate. Puoi usarli per negoziare singole obbligazioni o opzioni. Una volta superato il test, soddisferai i requisiti di licenza. Ciò significa che puoi richiedere le tue licenze della serie 7.

Per sostenere il test e ottenere una licenza, un datore di lavoro deve sponsorizzarti per il test. Ciò significa essere supportati da un membro FINRA per il servizio della società finanziaria. Sarebbe utile se fossi assunto da una società di intermediazione e poi seguissi una formazione rigorosa per lavorare con un mentore aziendale. Ti sponsorizzeranno quindi per la tua licenza di commerciante. Non ci sono molti requisiti per essere assunto come broker. Tuttavia, una volta che inizi a fare trading, è necessario un permesso. Una volta assunto, accetti di essere assunto solo fino a quando non avrai superato il test della serie 7. L'azienda ti fornirà spesso la formazione oi corsi necessari per superare il test.

Un trader autonomo può eseguire operazioni per proprio conto con il broker senza requisiti di licenza. Devi usare i tuoi soldi e se non riesci a farne una carriera di successo, perderai la tua nuova carriera come broker in futuro. Se inizi con un account più piccolo e poi lo usi per imparare a muoverti, puoi fare trading in modo redditizio prima di trasformarlo nel tuo lavoro a tempo pieno.

Quindi, puoi scambiare il tuo lavoro quotidiano con un lavoro redditizio a tempo pieno.

Sebbene sia altrettanto famoso per un day trader negoziare obbligazioni, valute o anche materie prime, molti dei day trader scambiano azioni. In generale, devi cercare titoli che abbiano le seguenti caratteristiche:

Un volume di scambi ampio e altamente liquido.

Obbligazioni volatili. Desideri modifiche comuni per il prezzo, che consentano all'investitore di realizzare un rapido profitto.

Le azioni. Sarebbe utile se si capisse l'andamento di quel particolare titolo e i vari eventi che determineranno come reagirà: cambiamenti economici o rapporti sugli utili. Questo è un fattore fondamentalmente critico. I day trader spesso scambiano solo pochi titoli specifici selezionati e sviluppano il loro know-how nelle società con cui commerciano. Questo li aiuterà a concentrarsi, in modo da non pensare troppo.

Le azioni importanti sono un'opzione. Le notizie di borsa forniscono un modo per invogliare gli investitori a comprare o vendere. Come day trader, devi essere consapevole di questi eventi per fare scambi redditizi per te.

Oggi il trading viene effettuato in un giorno. Anche se possedevi già 10 azioni ABC, puoi decidere di aprire una nuova posizione in altre azioni ABC con un altro acquisto iniziale.

- Day Trade: (acquista 1 azione ABC, vendi 10 azioni ABC)
- Inizi con 0 azioni di ABC.
- Acquista una quota di ABC.
- Acquista due azioni di ABC.
- Acquista sette azioni di ABC.
- Vendi 1 azione ABC.

- Vendi 5 azioni ABC.
- Vendi 4 azioni ABC.
- Poiché c'è un unico cambio unidirezionale nell'acquisto e nella vendita, diventa uno scambio di un giorno.
- Day Trade: (acquista 1 azione ABC, acquista 2 azioni ABC, acquista 7 azioni ABC, vendi 1 azione ABC)
- Due giorni di operazione.
- Acquisto e vendita di azioni ABC 2x.
- Inizia con 0 azioni su ABC.
- Acquista 50 azioni di ABC
- Vendi 15 azioni ABC.
- Vendi 35 titoli ABC.
- Acquista dieci azioni di ABC.
- Vendi 10 azioni ABC.
- Poiché ci sono due x nella direzione buy-to-sell, questo è ora uno scambio di due giorni.

- Day Trade 1: (Acquista 50 azioni ABC, vendi 15 azioni ABC, vendi 35 azioni ABC)
- Day Trade 2: (Acquista dieci azioni di, vendi dieci azioni di ABC)

Negoziare lo stesso titolo ogni volta è una strategia che ti aiuterà ad avere successo. Avere da uno a tre titoli che padroneggi e conosci. Diventa un esperto di queste azioni e attieniti a ciò che sai. Negozia solo queste azioni e utilizza strategie per calibrare il piano. Non ci sono compiti o ricerche da fare poiché scambi sempre azioni che conosci bene. Questo ti dà il vantaggio di fare trading il giorno successivo poiché sai cosa stai scambiando.

Seleziona azioni che hanno un volume sufficiente per modificare liberamente la dimensione della tua posizione, a seconda delle basi sul lato della volatilità. Se il tuo inventario è volatile un giorno, prendi posizioni di dimensioni più piccole e ferma perdite leggermente maggiori rispetto agli altri e agli obiettivi per il commercio. Quando l'andamento è tranquille riguardo al titolo, considera di aumentare il tuo lavoro per compensare gli stop loss quando sono più piccoli e gli obiettivi saranno riconsiderati in seguito. Questo è un ottimo modo per ottenere un reddito decente indipendentemente da quanto sia volatile quel giorno. Nel day trading, il popolare ETF sembra essere l'S & P 500 SPDR (SPY). Negoziazione giornaliera di questo ETF o di qualsiasi altro ETF / titolo scelto.

Esegui uno screener sulle tue azioni ogni settimana per trovare da due a quattro negozi che forniscano un buon volume e l'esatta volatilità di cui hai bisogno, quindi scambia quelle azioni per tutta la settimana. Non scambiare azioni che non sono nella tua lista dei desideri o acquistare nuove forniture che non hai studiato a fondo. Ciò può portare a perdite dovute a congetture e ricerche strategiche imperfette. Prenditi un po 'di tempo durante il fine settimana per eseguire ripetutamente screenshot di azioni o ETF. In questo modo, troverai più azioni da aggiungere alla tua manciata di negozi che comprerai e venderai nel corso della settimana. Potresti scoprire che se usi le stesse azioni per fare trading per diverse settimane di seguito, settimana dopo settimana, guadagni di più ogni giorno. Tuttavia, se hai una strategia per cambiare le azioni che hai acquistato, rimarrà anche l'altro giorno. I traders non comprenderanno appieno il tuo processo e acquistarli prima di te. Quando le cose vanno molto bene, puoi restare fedele a ciò che sai e continuare a fare trading con coloro che conosci e hai studiato. Molti day traders commerciano attenendosi a ciò che hanno imparato e hanno successo. Nel tempo, puoi sviluppare strategie che funzionano non solo per le stesse azioni ma anche per altre e darti un vantaggio rispetto ad altri che si concentrano esclusivamente su un gruppo di attività.

Trading con tempi variabili
Trading settimanale di opzioni

Le opzioni settimanali sono elenchi che offrono opportunità di trading a breve termine e numerose opzioni di copertura. Come suggerisce il nome, hanno un periodo di esattamente una settimana; Di solito vengono eseguiti il giovedì e scadono il venerdì successivo. Sebbene esistano da decenni, sono stati principalmente il dominio degli investitori che lavorano con indici di liquidità. Quel livello di esclusività è cambiato nel 2011 quando il Chicago Board of Options ha ampliato il numero di opportunità di trading, principalmente per renderle più accettabili a trader come te. Da allora, il numero di azioni che possono essere scambiate settimanalmente è cresciuto da 28 a quasi 1.000.

Oltre ad avere un breve lasso di tempo, le opzioni settimanali differiscono dalle opzioni tradizionali in quanto sono disponibili solo per tre settimane al mese. Inoltre, non sono mai elencati nella data di riferimento mensile. La settimana in cui scadono le opzioni mensili è tecnicamente la stessa delle opzioni settimanali.

Vantaggi delle opzioni settimanali

Il vantaggio più significativo dell'acquisto di opzioni settimanali è che puoi acquistare esattamente ciò di cui hai bisogno per lo stesso scambio che desideri senza doversi preoccupare di trovare capitale aggiuntivo o gestire più opzioni. Sarebbe meglio se lo avessi attualmente. Ciò significa che se hai intenzione di avviare un swing trade o anche uno scambio intraday, puoi coprire le opzioni settimanali. Per coloro che desiderano vendere, le opzioni settimanali offrono la possibilità di farlo più frequentemente invece di aspettare un mese per avere risultati.

I trader di opzioni settimanali sono abili anche in quanto riducono i costi per operazioni con spread più lunghi, ad esempio spread diagonali o spread di calendario, poiché possono vendere opzioni settimanali rispetto alle altre. Sono abili anche in operazioni di volume più elevato in quanto aiutano a proteggere posizioni e portafogli più grandi da eventi potenzialmente rischiosi. Se il mercato è limitato alle opzioni settimanali, esso può ancora essere sfruttato tramite la iron butterfly o l'iron condor.

Svantaggi

Lo svantaggio principale delle opzioni settimanali è che non avrai mai molto tempo per invertire nel trading se fai la scelta sbagliata. Quando vendi opzioni, devi anche sapere che la loro gamma è anche molto più sensibile delle opzioni tradizionali. Ciò significa che se stai pianificando opzioni di riduzione, un passo relativamente ridotto nel complesso può comunque portare a un'opportunità molto rapidamente.

Acquisto settimanale

Dal momento che hai sempre molto meno tempo per realizzare un profitto con un'opzione settimanale, i tuoi tempi per una particolare decisione devono essere molto più accurati. Decidere se e come agire, un intervallo di tempo o una direzione del prezzo può rapidamente dare risultati per un'opzione che generalmente non ha valore. Sarebbe utile se considerassi anche il tuo rischio accettabile poiché l'opzione per unità sarà più economica, ma dovrai acquistarne di più in una settimana di quanto faresti altrimenti. È inoltre essenziale evitare di effettuare call o put nette durante il trading settimanale, poiché generalmente hanno meno probabilità di successo complessivamente. In generale, se hai un pregiudizio quando si tratta della direzione in cui desideri che le tue operazioni si muovano, è preferibile utilizzare uno spread di debito o un'attività strutturata.

Vendita settimanale

Una vendita affidabile a lungo termine può fornire profitti costanti se eseguita correttamente. Funziona solo se definisci le tue vincite in anticipo. Quindi, è essenziale conoscere sempre il valore delle tue opzioni per evitare di metterti in cortocircuito. La vendita di scambi settimanali rende facile incassare il primo premio se indovinato correttamente, esponendoti comunque a perdite illimitate se commetti degli errori, il che richiede un margine extra.

Spreads

Gli spread sono un ottimo modo per realizzare un profitto nel mercato settimanale. Il livello complessivo di volatilità implicita sarà molto più alto nel mercato settimanale che nella variazione mensile, quindi se affronti un cambio di direzione inaspettato abbastanza velocemente da poter fare qualcosa al riguardo, lo spread può aiutarti. La vendita di un'opzione per un'opzione lunga riduce naturalmente il ruolo svolto dalla volatilità nella transazione. Il posto migliore per utilizzare lo spread di debito è vicino al prezzo corrente, quindi ottieni un rapporto di rischio e rendimento 1 a 1.

Strategie bonus

Choking and astride

Le migliori aziende che utilizzano il gagging o lo splaying prima di una chiamata di profitto sono società attivamente negoziate e in crescita. Esempi sono Amazon, Netflix, Tesla, Apple, Google e Facebook, i cosiddetti FANGS. Tuttavia, qualsiasi azienda negoziata attivamente è adatta a questo processo. Puoi anche utilizzare questa strategia per i fondi indicizzati come SPY. Il momento di investire in SPY Strangles o altri fondi indicizzati altamente scambiati arriva prima di un importante annuncio economico. Ciò potrebbe includere un annuncio della Federal Reserve sulle variazioni dei tassi di interesse, rapporti sulla disoccupazione o rapporti sulla crescita del PIL. Tutto ciò può portare a grandi mosse nel mercato azionario e non sai necessariamente in che direzione andranno i prezzi. Tuttavia, se stai usando uno strangle o uno straddle, non è necessario sapere in che modo si muoverà il prezzo delle azioni.

Conclusioni
Comprendi le basi del mercato

Nel mondo moderno, gli investimenti sono stati messi a disposizione a coloro che fanno parte del ceto medio. La maggior parte dei datori di lavoro che offrono piani di pensionamento spesso sponsorizzano una giornata di formazione per familiarizzare con i tipi di piani di pensionamento e le opzioni a loro disposizione. Inoltre, con la proliferazione di reti di comunicazioni via cavo, programmazione specializzata, Internet e social media, non mancano le informazioni e sono disponibili praticamente a chiunque ed ovunque.

Nell'era dell'informazione, in particolare, la conoscenza è potere. Prima di entrare subito nel mercato delle opzioni, prenditi un po 'di tempo per familiarizzare con le basi delle dinamiche di mercato. I trader di opzioni usano un linguaggio che è unico per la loro nicchia nel mondo degli investimenti e molti outsider potrebbero essere completamente perplessi e incapaci di capire gran parte di ciò che stanno dicendo. Inoltre, la capacità di tollerare un particolare rischio finanziario è parte integrante di un investimento di successo. Quando gli investitori comprendono la terminologia del mercato delle opzioni e le dinamiche fondamentali del mercato azionario in generale, possono aumentare esponenzialmente le loro possibilità di una carriera redditizia nel trading di opzioni.

CAPITOLO 2: COMMERCIO DI OPZIONI PER PRINCIPIANTI

Che tipo di investitore sei?

Il trading ha le sue strategie, tecniche e segreti. Situazioni diverse si applicano ad altre persone. Ciò che è utile per qualcun altro potrebbe non funzionare per te. Perché? Perché sei due diversi tipi di investitori. Le personalità aggressive investono in modo molto diverso rispetto ai personaggi conservatori. Le persone che non hanno paura di correre rischi sono investitori interamente stranieri rispetto a coloro che sono metodici e giocano sul sicuro. Non c'è niente di meglio o di peggio in questo caso. È solo lo stile di fare affari.

Opzioni di trading

Ora, come qualsiasi altra cosa, puoi acquistare e vendere un'opzione da solo. Quanto vale un'opzione? Meglio. Il premio può aumentare o diminuire, a seconda di vari fattori. La persona che acquista il contratto di opzione è l'intestatario del contratto. Il venditore ha ancora il suo obbligo se il prezzo dell'azione soddisfa le condizioni necessarie relative al prezzo di esercizio del contratto.

Il titolare dell'opzione è considerato long nella posizione. Se ti manca la posizione, significa che hai venduto un'opzione che non possedevi al momento della vendita.

L'acquirente di un'opzione ha tre possibili risultati:

Puoi mantenere l'opzione fino alla scadenza e al superamento del prezzo di esercizio, rendendo l'opzione inutile. Puoi vendere l'opzione prima che scada. In questo caso, dovresti "chiudere la tua posizione".

Puoi esercitare i tuoi diritti dall'opzione. Ciò significa che acquisti il titolo sottostante o vendi il titolo stesso per una call o put. L'acquirente dell'opzione è la persona che ha il diritto, ma non l'obbligo, di acquistare o vendere le azioni. Il contratto di opzione (a volte chiamato writer) dovrebbe acquistare o vendere le azioni. I tuoi possibili risultati sono:

Prendono "riparto", cioè acquistano o vendono azioni secondo necessità quando soddisfano la condizione fissata dal prezzo di esercizio. Se la condizione del prezzo di esercizio non è soddisfacente, lascia che il contratto scada senza valore e mantieni il tuo premio. Naturalmente, ricorda che il venditore mantiene sempre il premio originale in ogni caso.

Un'opzione può essere in the money o out of the money. Se un'opzione su azioni ABC ha un prezzo di esercizio di € 50 e le azioni ABC vengono scambiate per € 55, l'opzione in-the-money è di € 5. Se il negozio vende per € 47, la scelta è di € 3 out of the money.

Funziona al contrario con una chiamata poiché l'acquirente dell'opzione guadagna se il titolo scende al di sotto del prezzo di esercizio. Per ABC, un'opzione put con un prezzo di esercizio di € 50, la scelta è di € 5 out of the money se il prezzo delle azioni è scambiato a € 55. Al contrario, se un contratto put viene negoziato a € 40, il contratto di opzioni viene scambiato a € 10.

Il valore innato di un'opzione è l'importo che ha in denaro. Dobbiamo anche conoscere il cosiddetto valore temporale dell'opzione. Questa è la differenza tra il valore intrinseco e il premio per azione pagato per l'opportunità. Si tratta:

Valore attuale = premio pagato - valore in contanti

Se hai pagato € 7 per un'opzione XYZ e costa € 2, il valore temporale è € 7 - € 2 = € 5.

Quando un'opzione esaurisce i soldi, non ha alcun valore intrinseco. Il valore attuale è quindi derivato dal premio pagato. Tuttavia, con l'aumentare della data di scadenza, diminuisce a un ritmo crescente. In altre parole, il contratto di opzione sarà inutile e meno per un potenziale acquirente poiché è probabile che scada e di conseguenza non avere valore.

Ci sono quattro opzioni di base:
Long Call

Questo è il diritto di acquistare azioni. Un esempio potrebbe essere l'acquisto di un'opzione call coperta, come descritto sopra. Ciò significa che sei ottimista riguardo al negozio, il che significa che ti aspetti che il suo valore aumenti, possibilmente di una quantità significativa.

Da molto tempo, questo è il modo migliore di vendere azioni. Sei ribassista sul negozio, ma fai una long call perché ti aspetti di trarre profitto dal contratto di opzioni essendo in grado di vendere le azioni a un prezzo di esercizio superiore al prezzo di mercato del negozio.

Short call

Obbligo di vendita di una quota. Se sei ribassista riguardo al titolo non credi che il prezzo delle azioni aumenterà abbastanza da superare il prezzo di esercizio. Può essere coperto, nel senso che possiedi già le azioni (rischio inferiore), o nudo, il che significa che non possiedi le quote quando stipuli il contratto (trading ad alto rischio).

Shot Put

Questo è un obbligo per l'acquisto di azioni. Se sei ottimista riguardo al negozio credi che il prezzo delle azioni rimarrà al di sopra del prezzo di esercizio.
Ora valutiamo i potenziali guadagni e perdite per le diverse opzioni.

Long call (ruolo: acquirente)

Per la nostra long call, diciamo di avere:
Long 1 ABC Aug 50 Call @ € 1
Ciò significa che il contratto di opzione è per 100 azioni (1 valore = 100 azioni o un

contratto di opzione) di ABC. L'opzione scade il terzo venerdì di agosto. Il prezzo di esercizio è di € 50 e il premio è di € 1. Questa è una strategia a basso rischio in cui il tuo unico pericolo è limitato alla segnalazione e c'è un alto potenziale di rialzo (sebbene la probabilità di andare al di sopra del prezzo di esercizio potrebbe non essere alta). C'è anche un piccolo rischio per il venditore poiché mantiene il premio. Il risultato peggiore è la vendita delle azioni al prezzo di esercizio, che era superiore al prezzo delle azioni al momento della conclusione del contratto ma inferiore al prezzo di mercato al momento della vendita.

Per l'acquirente di questo contratto:

La perdita significativa è limitata al premio, che è il prezzo quotato moltiplicato per 100 volte il totale di diverse azioni, o 1 x € 100 = € 100.

Massimo profitto

Teoricamente è illimitato, a seconda di quanto il prezzo delle azioni supera il prezzo di esercizio.

Short or Naked Calls (ruolo: venditore)

Abbiamo iniziato la nostra discussione con chiamate nascoste. In questo caso, il mercato come venditore dell'opzione era "coperto" dal titolo sottostante. Viene così rivelata una telefonata nuda. Inserisci opzioni call senza possedere le relative azioni. Ricorda che devi vendere le azioni sottostanti per un'opzione call se sei costretto a fare un riparto. Se prendi una semplice chiamata, dovrai affrontare potenziali perdite perché non sei il proprietario dei negozi quando operi. Nel mercato, le chiamate nude sono chiamate "corte". Il ticker potrebbe assomigliare a questo:

Breve 1 ABC del 25 giugno Call @ € 2

Questo ci mostra che il contratto di opzione scade il terzo venerdì di giugno. Il prezzo di esercizio è di 25 EUR e il premio è di 2 EUR. In questo caso:

Il punto di pareggio è il prezzo di esercizio + premio opzione = 25 EUR + 2 EUR = 27 EUR. La vincita massima è di 100 azioni x prezzo = € 200.

La perdita massima è illimitata in base a quanto è lo stock poiché dovresti acquistare i negozi se ti fossero assegnati. Poiché si tratta di un rischio elevato, è necessario un capitale elevato per eseguire l'affare. I broker assegnano livelli ai trader di opzioni per determinare se partecipare o meno a tali vendite ad alto rischio. Quando apri un conto di opzioni di trading, devi sapere quale livello ti è stato assegnato per determinare quali tipi di scambi puoi fare.

Short Puts (ruolo: venditore)

Una short put come una naked call è una strategia di trading rischiosa e devi avere il capitale per assumerti tali rischi. Questa è una piccola vincita potenziale con un'opzione di grande perdita potenziale. Considera i punti seguenti:

Brief 1 ABC 30 luglio Put @ € 2

Questa opzione scade il terzo venerdì di luglio, ha un prezzo di esercizio di € 30 e un premio di € 2.

Pagamento massimo: € 2 x 100 quota di bonus = € 200.

Perdita massima: (prezzo di esercizio di € 30 - premio di € 2) x 100 = € 2.800.

Break Even: (prezzo di esercizio di 30 EUR - 2 EUR di premio) = 28 EUR.

Long Put (ruolo: acquirente)

Abbiamo una scommessa di lunga durata che il prezzo delle azioni scenderà al di sotto del prezzo di esercizio. Questa è una strategia di rischio inferiore rispetto a una short put per l'acquirente. Se il prezzo non scende al di sotto di quello di esercizio, ottieni solo il premio. Ovviamente, per esercitare il tuo diritto di vendere le azioni, devi avere accesso al capitale necessario per acquistare le stesse. Diremo che il nostro esempio è:

Long 1 ABC Sep 40 Put @ € 3

Il contratto scade il terzo venerdì di settembre. Il prezzo di esercizio è di 40 EUR e il premio è di 3 EUR. Quindi, il costo per l'acquisto del contratto è di € 3 x € 100 = € 300.

Perdita massima: la perdita massima è il costo del premio, quindi 3 x € 100 = € 300.

Reddito massimo: il reddito massimo risulta da (prezzo di esercizio - premio) x 100 = (€ 40 - € 3) x 100 = € 3.700.

Il punto di pareggio è il prezzo di esercizio meno il premio o € 40 - € 3 = € 37.

Quindi, questa è una strategia a basso rischio poiché la perdita massima è molto inferiore al guadagno potenziale.

Potenziale di guadagno astronomico

Uno degli scopi principali del trading di opzioni è la capacità di realizzare profitti significativi rispetto a qualsiasi altra forma di trading nei mercati. Ciò è possibile anche senza ingenti somme di denaro. Il principio alla base di questo approccio è la leva finanziaria. Un trader non ha bisogno di avere grandi somme di denaro per realizzare enormi profitti. Ad esempio, con un minimo di € 10.000, puoi guadagnare importi come € 300.000 o addirittura € 800.000 solo attraverso la leva.

Prendi l'esempio di un trader il cui fondo di trading è di € 10.000. Il trader vuole investire questo importo nella società ABC. L'attuale prezzo delle azioni è ora di € 20, anche se il prezzo potrebbe aumentare. Il trader potrebbe utilizzare i fondi per acquistare direttamente le azioni e ottenere un totale di 500 azioni. Se il prezzo delle azioni fosse salito a € 25 in un mese, il trader avrebbe guadagnato € 5 per azione o un totale di € 2.500 di profitto.

In alternativa, il trader potrebbe acquistare opzioni call su azioni XYZ per la stessa quantità di denaro. Le opzioni consentono al trader di riacquistare le azioni sottostanti entro un tempo specificato. I contratti di opzione ora costano da € 1 a € 4 a seconda di determinati fattori, come il valore delle azioni sottostanti. Nel nostro esempio, un'opzione call costa € 2, quindi il trader riceve 5.000 contratti di opzione per € 10.000.

Se il trader esercita il diritto di vendere le azioni sottostanti nel mese successivo, può realizzare un profitto di € 5 per azione. Ricorda, ha diritto a un totale di 5.000 azioni per un profitto, per un totale di € 25.000. Ciò mostra l'abilità e il potere delle opzioni, nonché la redditività di questo tipo di trading.

Considerazione significativa del rischio e del rendimento

Come per tutti i trader redditizi, è fondamentale soppesare il rischio implicato in una particolare operazione rispetto ai potenziali guadagni. Quando si fa trading di opzioni, lo stile personalizzato indica il tipo di rischio associato al trading. L'esempio sopra mostra chiaramente quanto sia profittevole il processo di negoziazione delle opzioni. Se nel caso precedente ci fosse stata una perdita, la perdita totale sarebbe stata il costo delle opzioni. In questa situazione, il rischio vale la ricompensa, in quanto l'importo da perdere è irrilevante rispetto al profitto da realizzare. In genere, maggiore è il rischio, maggiore è il potenziale rendimento. Quando un trader sta valutando una negoziazione, deve essere considerato il rapporto rischio / rendimento.

In qualità di trader di opzioni, dovresti imparare a sfruttare la volatilità. La volatilità deve essere tua amica e partner poiché puoi trarre vantaggio dai movimenti bruschi e improvvisi nei mercati. Le opzioni sono principalmente influenzate dalla volatilità implicita, che è essenzialmente il fattore più critico che guida i prezzi delle opzioni. Sarebbe utile se imparassi a cercare la volatilità implicita e determinare se è bassa o alta. In questo modo, puoi facilmente avere un senso dell'orientamento su quali opzioni esaminare.

Versatilità e flessibilità

Un altro affascinante vantaggio dell'opzione di trading è la flessibilità intrinseca. Le opzioni offrono molta flessibilità con dozzine di strategie diverse. Questo si confronta bene con numerose altre opzioni di trading e investimento. La maggior parte di questi non offre la stessa flessibilità delle opzioni. Inoltre, la maggior parte degli altri titoli ha strategie limitate e questo tende a limitare la flessibilità di un trader su quel titolo.

Agiamo, per esempio. I trader di azioni incontrano anche alcune limitazioni che non sono inerenti al trading di opzioni. Esistono molte strategie, da semplici a composte, a complesse. Gli operatori di borsa generalmente acquistano, detengono o vendono azioni. Non c'è molto altro che puoi fare. Questo è in netto confronto con le opzioni in quanto hanno dozzine di strategie disponibili. La versatilità e la flessibilità del trading di opzioni superano di gran lunga quella della maggior parte degli altri titoli.

Innanzitutto, la flessibilità delle opzioni ti consente di negoziare opzioni basate su una varietà di titoli sottostanti. La varietà e la frequenza delle strategie di opzione sono enormi. Inoltre, gli spread offrono una reale flessibilità nel modo in cui possono essere scambiati. I trader hanno flessibilità e versatilità quando si tratta di limitare il rischio di assumere posizioni di mercato durante la copertura e anche semplicemente trarre vantaggio dai movimenti delle azioni. Ci sono numerose opzioni.

Svantaggi del trading di opzioni

Sebbene il trading di opzioni possa essere estremamente redditizio, può anche essere estremamente disastroso. Pertanto, i principianti devono attenersi alle strategie di base fino a quando non acquisiscono conoscenze, comprensione ed esperienza sufficienti. Dopo un po ', sarà possibile utilizzare strategie più avanzate e anche più complesse che hanno maggiori probabilità di realizzare un profitto indipendentemente dalle condizioni di mercato. I rischi rimangono, tuttavia, quindi è sempre meglio stare attenti all'inizio.

I trader devono comprendere i rischi e gli svantaggi associati alle opzioni di trading. I numerosi vantaggi hanno portato un numero crescente di trader, inclusi dilettanti e professionisti, ad avventurarsi nel mondo delle opzioni per trarre beneficio da questo commercio redditizio.

Non è un compito facile

La prima cosa da sottolineare è che le opzioni di trading non sono così semplici come sembrano. Le opzioni sono titoli complessi. Alcuni contratti hanno determinate condizioni. Questi termini devono essere chiaramente compresi e presi in considerazione in ogni momento. Alcuni dei contratti di opzione hanno a che fare con il tempo. A differenza delle azioni, le opzioni sono limitate nel tempo. Questo fattore di decadimento temporale li rende estremamente di breve durata. Se una strategia di trading non funziona, le opzioni possono scadere inutilmente.

Uno dei fattori più insostenibili nel trading di opzioni è la sua complessità. Molti trader evitano le opzioni perché sono difficili da padroneggiare. Le basi sono relativamente facili da comprendere. Tuttavia, hanno una portata limitata e una redditività limitata. La reale redditività sta nelle strategie composte, che possono essere molto complicate.

I trader possono perdere una parte significativa del denaro se non padroneggiano correttamente le opzioni. È anche possibile perdere più denaro di quanto hai investito poiché il trading di opzioni è una materia complicata. Il trading, quindi, può essere un compito minaccioso e intimidatorio. I commercianti che perdono denaro sono in maggioranza rispetto a quelli che guadagnano. La sfida più grande è comprendere la complessità delle opzioni. Imparare a scambiare opzioni è possibile, ma è un processo che richiede impegno e tempo. Solo i rivenditori che si impegnano e investono il loro tempo e il loro impegno saranno ricompensati con il successo.

Il trading di opzioni è un'impresa rischiosa

Il processo di negoziazione delle opzioni è visto come un affare precario. Fondamentalmente, tutte le opportunità di investimento e persino le società di trading comportano una certa quantità di rischio. I trader che rischiano di più sono i principianti. Questi gruppi generalmente non sono così preparati o esperti abbastanza per affrontare le opzioni. La conoscenza è la chiave per il trading di opzioni, ma l'esperienza è necessaria. Invece di sanguinare denaro, i trader preferiscono evitare del tutto il trading di opzioni.

Tuttavia, il processo di negoziazione di opzioni è stato ampiamente utilizzato nella gestione del rischio. I commercianti di azioni e altri titoli spesso acquistano opzioni per proteggersi dalle perdite intrinseche. Ad esempio, supponiamo che un trader possieda azioni ABC e si aspetti che il loro valore scenda del 30% nel mese successivo. Questo rivenditore ha due opzioni in questo caso. Il primo è vendere le azioni e sperare in un prezzo basso. L'altro è acquistare un'opzione call per coprirsi dal rischio di mercato.

Il trading di opzioni è un'impresa pericolosa. Anche i trader esperti a volte perdono denaro. Ci sono modi per realizzare grandi profitti, ma ci sono anche modi per perdere immense somme di denaro. Tutto dipende dalle strategie impiegate, dall'esperienza di un trader e dagli importi coinvolti. Le opzioni di trading possono essere un'impresa rischiosa, soprattutto per le persone inesperte. Il miglior consiglio è imparare il più possibile sulle opzioni di trading e comprendere le basi il più chiaramente possibile. Anche molta pratica aiuta. I trader con poca o nessuna esperienza devono mettere in pratica le proprie abilità il più spesso possibile. Molte piattaforme offrono piattaforme di trading fittizie su cui i potenziali trader possono provare diverse strategie.

Alcuni strumenti e soluzioni rendono il trading di opzioni più tranquillo. Tutti questi, se applicati a strategie diverse, possono portare a prestazioni migliori nei mercati. Una volta che le strategie fondamentali sono ben comprese e adeguatamente praticate, un trader può implementarle e perfezionarle fino a quando non vengono eseguite in modo sicuro e senza problemi. In questo modo, un trader si sposta da principiante a livelli di trading avanzati e, in definitiva, professionali.

Uno dei fattori più proibitivi nel trading di opzioni è la sua complessità. Molti trader evitano le opzioni perché sono difficili da padroneggiare. La reale redditività risiede nelle strategie composte, che possono essere molto complicate. Questo è il motivo per cui può essere così redditizio imparare il più possibile sulle opzioni. Molti ottimi trader hanno visto cambiare le loro fortune usando queste strategie dopo aver impiegato mesi e talvolta anni per perfezionarsi.

Scegli un broker

Ci sono diversi broker da poter scegliere e ci sono molti fattori che influenzano la sua scelta. Il primo fattore da considerare è l'interfaccia che il broker utilizza per fare trading. Potresti cercare su YouTube i video pubblicati per vari broker per vedere come appare la loro interfaccia di trading. Alcuni sono progettati per essere estremamente facili da usare su dispositivi mobili, come Robin Hood. Tuttavia, questo può avere un costo. Questi costi sono sul lato informativo del sistema. Uno dei fattori da considerare quando si apre un conto di intermediazione sono gli strumenti che forniscono per aiutarti a gestire le tue operazioni. In particolare, stai cercando un sistema di trading che ti dia quante più informazioni possibili su uno scambio. Due opzioni di sistema che i trader preferiscono a questo scopo sono "Think or Swim", gestito da TD Ameritrade e Tasty Works. Questi sistemi sono stati sviluppati da trader professionisti di opzioni per semplificarne il commercio. Pertanto, contengono molte informazioni di cui hai bisogno per avere un controllo sulla potenziale redditività del commercio e lo studio di dettagli come la data di scadenza influenzerà un particolare scambio.

Think or Swim

Alcuni lettori troveranno le interfacce fornite da queste piattaforme troppo complicate e potrebbero preferire la semplicità di Robin Hood. In effetti, molti principianti sono attratti da Robin Hood principalmente per la sua semplicità e facilità d'uso. La piattaforma Robin Hood rende facile trovare opzioni ed eseguire operazioni, oltre a numerose operazioni di configurazione che puoi considerare ed eseguire con un click sul tuo smartphone.

Un altro fattore che sarà importante per alcuni trader è la durata e la reputazione di un'azienda. Se questo è importante per te, puoi considerare un broker più tradizionale come Charles Schwab o Fidelity. L'E-Trade, che non ha la stessa età di queste due società, esiste da diversi decenni e gode anche di una buona reputazione presso i trader.

È importante non faticare troppo quando si sceglie un broker. Se sei interessato alla semplice interfaccia utente di Robin Hood, ci sono altri strumenti che puoi utilizzare per la tua ricerca. In effetti, ci sono molti strumenti gratuiti su Internet che includono l'uso di grafici e calcolatori azionari per stimare i valori delle opzioni in date diverse in base alla variazione dei prezzi delle azioni. Puoi anche scaricare calcolatrici abbastanza accurate per le opzioni integrate nei fogli di calcolo Excel. Sebbene le piattaforme complete Think or Swim e Tasty Works siano adatte a molti trader, puoi ottenere molte delle informazioni che forniscono da altre fonti.

Commissioni di trading

Quando sono entrato in questa attività, le commissioni erano un grosso problema. Una commissione è una provvigione addebitata dal broker ogni volta che effettui un'operazione. Le commissioni devono essere prese in considerazione per determinare se uno scambio è redditizio. Sebbene le commissioni non siano molto elevate in termini assoluti di denaro, possono avere un impatto significativo in molti scenari.

La buona notizia è che le tasse stanno rapidamente scomparendo dal settore. In effetti, il trading di opzioni a Commissione Zero è stato uno dei primi punti vendita promossi da Robin Hood quando è stato lanciato alcuni anni fa, e quel punto vendita ha contribuito ad aumentare la sua popolarità. Ciò ha anche messo molti broker più anziani del settore sotto pressione competitiva.

Per una questione di decisione finale, molti hanno stabilito di intraprendere il percorso della tassa zero. In effetti, Charles Schwab ha recentemente introdotto il trading a commissioni zero. Di conseguenza, le scelte per i trader che cercano un brokeraggio senza commissioni sono aumentate enormemente solo nell'ultimo anno. Anche se questo è stato un punto di forza significativo per Robin Hood, non è necessariamente così oggi. Tuttavia, assicurati di verificare con i broker a cui sei interessato per i dettagli sulle loro politiche di commissione.

I broker facevano affidamento sulle commissioni come fonte principale di reddito, quindi alcuni lettori potrebbero chiedersi cosa stanno facendo ora per fare soldi. La maggior parte dei broker offre servizi avanzati a pagamento. In questo modo, otterranno il reddito che hanno guadagnato dalla raccolta delle commissioni. Ad esempio, Robin Hood offre un servizio "Gold" con più funzionalità per una piccola tariffa mensile. Broker grandi e affermati come Schwab possono offrire consulenza finanziaria professionale a coloro che sono disposti a pagare per questo.

Span

Man mano che avanzi nella tua carriera di trading, uno dei concetti con cui devi familiarizzare è il margine. In poche parole, il margine si riferisce alla capacità di prendere in prestito dal broker. Per fare ciò, dovrai aprire un "conto a margine", che ti consentirà di prendere in prestito denaro e azioni e di inserire determinati tipi di operazioni che i clienti senza conti a margine non possono. Per aprire un conto span, è necessario depositare un minimo di 2.500 EUR in contanti.

Un esempio di ciò che fa un conto a margine è che puoi fare trading con esso ogni giorno (tuttavia, il trading giornaliero richiede € 25.000 di capitale). I conti a margine ti consentono anche di vendere opzioni "nude" che non sono completamente coperte da contanti o azioni nel tuo account. I conti a margine consentono inoltre ai grandi trader di prendere in prestito azioni per "vendere allo scoperto" le azioni collocate contro altre di esse o per scommettere che il prezzo delle azioni scenderà per poter intascare i profitti. Non ne terremo conto. Utilizzerai opzioni short put come trader di opzioni, il che è molto più semplice e può essere fatto per un investimento di € 100 invece di dover prendere in prestito un gran numero di azioni. Ciò dimostra uno dei modi in cui è possibile utilizzare un conto a margine.

Livelli commerciali

È necessario conoscere i molti altri livelli di trading che esistono. Tuttavia, ogni broker ha quattro livelli di trading per il trader di opzioni. Questi si basano sulla tua esperienza di trading e sui tuoi obiettivi. Se vuoi aumentare il tuo livello di trading, il broker ti chiederà di fare un breve colloquio. Questi colloqui sono automatizzati, quindi puoi rispondere ad alcune domande sul sito web del broker o sull'app mobile. Durante il colloquio, tieni presente che devi chiarire di aver compreso per quali opzioni vengono utilizzati e cosa si aspettano le autorità di regolamentazione.

Primo Livello

Un trader di opzioni di livello 1 deve supportare le opzioni con denaro o asset. Un trader di opzioni di livello 1 non è autorizzato ad acquistare opzioni per fare trading; puoi solo vendere opzioni. Puoi vendere una call coperta, il che significa che devi possedere le 100 azioni dietro l'opzione prima di vendere l'opzione call. In alternativa, puoi vendere una put protetta, il che significa che devi avere abbastanza liquidità nel tuo account per acquistare 100 azioni allo strike price, se necessario.

Secondo Livello

Questo è il livello a cui la maggior parte delle persone pensa quando prende in considerazione le opzioni. Il trading di livello 2 significa che puoi acquistare per aprire un contratto di opzioni e poi scambiarlo per ottenere un profitto. La maggior parte dei lettori vorrà diventare un trader di secondo livello. Di solito è semplice. Tutto quello che devi fare è aprire un conto, depositare qualche centinaio di dollari e poi passare attraverso il colloquio con il broker. Lo stato di trading di livello 2 significa che puoi acquistare opzioni call e put.

Terzo Livello

Quando inizi a cercare le opzioni, imparerai a conoscere le varie "strategie" utilizzate dai trader di opzioni professionali. Questi includono iron condor, choking e spread di credito / debito. Per utilizzare queste strategie, devi essere un trader di opzioni di livello tre. Per fare ciò, il tuo broker avrà probabilmente bisogno di alcuni mesi di esperienza di trading di secondo livello. Devi anche fare un'altro colloquio.

Quarto Livello

Il quarto livello di trading di opzioni è il livello più alto possibile che un trader di opzioni possa raggiungere. Un trader di opzioni di livello quattro potrà partecipare a qualsiasi scambio di opzioni. Ciò include la vendita di una chiamata "nuda" e opzioni put. Devi anche aprire un conto a margine per diventare un trader di opzioni di livello quattro. In genere, il tuo broker potrebbe anche richiederti di acquisire esperienza come trader di opzioni di livello due e poi come trader di opzioni di livello tre prima che tu possa avanzare a quel livello.

Usa bene il tempo

Una strategia efficace è migliorare te stesso. Impara semplicemente un'abilità superiore e lavora in un campo più redditizio. Anche questo non occupa appieno il tuo tempo, tuttavia, poiché il tuo rubinetto di cassa viene disattivato dopo esserti addormentato. Quindi, devono essere creati diversi flussi di reddito. Se hai due flussi di reddito che pagano contemporaneamente, puoi raddoppiare la tua paga oraria. Il problema è che puoi fare una cosa alla volta. Non è possibile eseguire due lavori contemporaneamente. Quindi, quello che vuoi è un'altra fonte di reddito che non sottragga il tuo tempo e ti stia impedendo di lavorare o una fonte di denaro oraria. Questo è precisamente un flusso di reddito passivo.

I flussi passivi utilizzano il tuo tempo dandoti una somma di denaro extra senza spendere altro tempo. Voglio chiarire una cosa a questo punto. Sarebbe meglio se passassi del tempo a creare e mantenere il flusso di reddito passivo. Il punto è che la tua capacità di guadagno con questo streaming non dipende direttamente da quante ore trascorri su di esso. Se scrivi per cinque ore, vieni pagato per le parole che hai prodotto in quelle cinque ore. Se trascorri cinque ore in un flusso di reddito passivo, quelle cinque ore non ti faranno necessariamente guadagnare. Potresti essere pagato di meno o potresti essere pagato di più, chi lo sa? Il punto è che qualunque cosa accada, aumenterà il tuo reddito fintanto che passi il tempo ad operare.

Trading attivo e passivo

Tutto il trading è attivo per la SEC. Le azioni passive sono riservate al mondo degli investimenti. Qualunque cosa possano pensare le brave persone della SEC, la realtà è che esistono forme di trading attive e passive. A causa della varietà dei mercati, ci sono molti modi per dividere l'attività di trading. Attivo contro passivo è semplicemente un modo per farlo.

Il trading attivo si riferisce a ciò che pensi che i trader stiano effettivamente facendo. Qui è dove le persone si siedono, incollate ai loro terminali, aspettando che le notizie appaiano e poi si comportano come hotshots per fare soldi. Tutto questo è accurato tranne che per l'ultimo pezzo, che è il fumetto. In ogni caso, il trading attivo di solito comporta l'assunzione di scommesse di direzione sul mercato e la loro copertura con un altro strumento finanziario.

I trader istituzionali che commerciano per hedge fund, banche centrali e società di proprietary trading (negozi di oggetti di scena) sono tutti attivi. Indipendentemente dal tipo di strategie che utilizzano e dagli strumenti con cui commerciano, sono sempre in contatto con i mercati. Devono essere così perché il loro obiettivo è spremere ogni grammo di denaro disponibile. Per fare questo, devono seguire ogni mossa del mercato. Devi conoscere il mercato arretrato e non intrufolarti. Inoltre, devono affrontare cose inaspettate che accadono durante le vacanze o nei fine settimana. Ad esempio, al momento della stesura di questo articolo, i commercianti di petrolio di tutto il mondo erano alle prese con l'attacco di alcuni dei giacimenti petroliferi dell'Arabia Saudita.

Vantaggi e svantaggi del reddito passivo

Anche se il reddito passivo sembra avere molti aspetti positivi, devo avvertirti che non si tratta solo di questo. Dopotutto, anche le rose hanno le spine. Gli svantaggi dell'idoneità al reddito passivo hanno quasi interamente a che fare con il modo in cui le persone lo affrontano. Molte persone pensano che le cose funzionano con il pilota automatico. Beh, non è affatto così. Qualsiasi flusso di reddito passivo, compreso il trading, richiede un investimento di tempo, denaro o entrambi. Con il reddito da trading passivo, devi investire entrambi. Ci vuole tempo per imparare e studiare i mercati e sviluppare le tue capacità. I mercati non sono facili da violare, principalmente perché sono caotici. I nostri cervelli sono progettati per gestire ambienti lineari e per comprendere rapidamente i modelli passo dopo passo. Tuttavia, i modelli che si verificano in modo intermittente, in rima piuttosto che replicarsi esattamente, sono come una lingua straniera.

Fortunatamente, i nostri cervelli sono macchine che apprendono e nel tempo possiamo imparare a riconoscere tali schemi. Questo è ciò di cui si occupa veramente il trading. Ci vuole del tempo per allenare il tuo cervello ad abituarsi a questo nuovo mondo in cui tutto accade in modo casuale ma si svolge secondo un quadro generale del tutto prevedibile.

Quindi, sarebbe utile dedicare del tempo all'apprendimento dei mercati e alla comprensione dei pro e dei contro delle opzioni. Devi imparare le loro caratteristiche al punto da poter decidere immediatamente se entrare in uno scambio o meno. Il trading di opzioni è complicato in superficie in quanto coinvolge almeno due tappe. Tutto sta nel rimuovere entrambe le tappe/opzioni o solo una di esse.

Genera reddito passivo attraverso le opzioni

Una strategia direzionale è quella in cui ti aspetti che il mercato si muova in una particolare direzione e, se si muove contro di te, perderai denaro. Le scommesse direzionali sul mercato comportano dei rischi. Questo perché c'è pochissima protezione dal ribasso per la maggior parte delle scommesse direzionali su azioni e spot FX. Entrerò brevemente nelle opzioni, ma per ora capisci che i metodi di trading tradizionali sono quasi sempre direzionali.

Questo ha dei vantaggi. Se hai ragione, la quantità di denaro che puoi guadagnare piazzando scommesse direzionali è relativamente alta. Molti trader tendono ad attenersi intensamente a tali strategie per un po 'e quindi riducono il tempo investito facendo trading più a lungo. Quindi, sebbene questo sia un trading passivo, dovresti capire che il trading attivo non è una cosa negativa o dovrebbe essere evitato. Dipende dai tuoi obiettivi. Al contrario, le strategie di trading passivo sono neutre o indipendenti dal mercato.

In ogni caso, nessuna di queste strategie da troppa importanza alla direzione in cui si sta muovendo il mercato. Si preoccupano solo del grado in cui avvengono i movimenti. In altre parole, il mercato può salire o scendere, ma è molto meglio se si muove di cento invece che di dieci. Contrariamente alla credenza popolare, le strategie di trading non si trovano su entrambi i lati di una linea solida che separa i metodi di trading. Se non altro, esistono in un'ampia gamma da attivo a passivo. Se abbiamo una scala da uno a dieci, dove uno è l'estremità attiva della scala e dieci è il passivo, le strategie di opzioni di reddito passivo sono ovunque tra quattro e otto.

Perché non elenco strategie che sono nove o dieci? Principalmente perché non è possibile generare reddito puramente passivo dalle opzioni. Dovrai controllarlo ulteriormente prima o poi per continuare il tuo scambio. Guardando al futuro, solo dieci sarebbero qualcosa come un conto di risparmio in cui parcheggi i tuoi soldi e guadagni interessi.

Nessuna strategia di trading ti darà mai un ritorno su questa scala di passività. Tuttavia, le opzioni possono aiutarti a fare soldi sugli acquisti di azioni esistenti e fare soldi creando situazioni in cui letteralmente non ti interessa in che direzione sta andando il mercato. Pertanto, le strategie in quest'area sono incredibilmente versatili. Una volta che hai imparato alcuni di questi, puoi facilmente gestire quasi tutti gli ambienti di mercato. Voglio menzionare che è facile usare la leva finanziaria e cercare di aumentare i rendimenti al di sopra dei livelli normali.

Come ho detto prima, devi sviluppare le tue capacità abbastanza da trasformare i tuoi profitti. Le opzioni sono un elemento di leva a sé stante, ma definire il rischio di tale leva è abbastanza semplice. Se stai prendendo in prestito per rendimenti più alti e non sai cosa stai facendo, cerchi guai e il mercato te ne darà molti. Quindi, capisci che le strategie sono potenti, ma devi prenderti il tempo per impararle bene. Le opzioni possono generare rendimenti sovradimensionati, ma è anche possibile perdere molto di più di quanto hai investito se non imposti le cose nel modo giusto.

Anche il modo in cui sono impostati gli scambi non è il modo in cui sono impostati quelli tradizionali. Quello che voglio dire è che il trading di solito riguarda solo l'acquisto di uno strumento o la sua vendita. Bene, qui devi mettere più attenzione.

Il prezzo di mercato delle azioni

Il fattore essenziale che influenza il prezzo di un'opzione è il prezzo dell'investimento, noto come sicurezza dietro l'opzione. Tuttavia, non è una relazione uno a uno. Il livello di influenza del titolo sottostante cambierà nel tempo. Dipende anche dal fatto che l'opzione sia in the money o out of the money. La frazione del prezzo dell'opzione dovuta al prezzo del titolo sottostante è chiamata valore intrinseco delle opzioni.

Se un'opzione può corrispondere esattamente al prezzo di mercato o non è comparativamente preferita, ha un valore intrinseco pari a zero. Un'opzione dovrebbe essere valutata in contanti per avere un valore intrinseco. Se il prezzo di mercato di un'opzione call è inferiore o uguale al prezzo di esercizio, l'opzione non ha valore intrinseco. Se il prezzo dell'azione è superiore al prezzo al quale le azioni sono negoziate tramite l'opzione, l'opzione ha un valore intrinseco.

Se il prezzo delle azioni di un'opzione put è uguale o superiore al prezzo di esercizio, l'opzione ha un valore intrinseco pari a zero. Se il prezzo dell'azione è inferiore al prezzo di esercizio, l'opzione ha un valore esaurito. Questo è noto come valore intrinseco.

Per confondere le cose, il prezzo dell'azione sottostante ha un impatto che può modificare il valore dell'opzione, anche se un'opzione è at o out of the money. La misura in cui il prezzo di mercato dell'immobile chiamato quota ha sul prezzo dell'opzione è indicata da un importo chiamato delta. Puoi leggere il valore delta guardando i dati per ciascuna opzione che ti interessa. Viene fornito come valore decimale compreso tra 0 e 1 per le opzioni call e come valore negativo per le opzioni put. Il motivo per cui viene segnalato come valore negativo per le opzioni put è che riflette il fatto che il prezzo di un'opzione put si riduce quando il prezzo delle azioni aumenta. Al contrario, il valore dell'opzione put aumenta quando il prezzo dell'azione scende. È una relazione inversa e quindi il delta per le opzioni put è negativo.

Per capire come andrà a finire, diamo un'occhiata a un esempio specifico. Supponiamo di avere un'opzione da € 100. Cioè, il prezzo di esercizio è fissato a € 100. Se il prezzo dell'azione sottostante è € 105, il delta per l'opzione call è 0,77. Ciò significa che se il valore in euro del titolo aumenta di € 1, il valore dell'opzione aumenterà di circa 77 centesimi. Questa è una variazione del prezzo per azione. Quindi, ci sono 100 azioni sottostanti per l'opzione che stai negoziando. Quindi, un aumento di prezzo di 77 centesimi aggiungerebbe € 77 in valore all'opzione.

Per un'opzione put con lo stesso prezzo di esercizio, l'opzione sarebbe out of the money perché il prezzo dell'azione è superiore al prezzo di esercizio. In questo caso, il delta per l'opzione put è specificato come -0,23. Ciò significa che l'opzione put perderebbe circa € 23 se il prezzo delle azioni aumentasse di € 1. D'altra parte, se il prezzo delle azioni scendesse di € 1, l'opzione put guadagnerebbe € 23.

Il valore intrinseco dell'opzione call descritta in questo esercizio teorico è di € 5 per azione. Il costo totale dell'opzione sarebbe di € 6,06 per azione, riflettendo il fatto che l'opzione call ha un valore esterno di € 1,06. Al contrario, l'opzione put ha un valore intrinseco pari a zero. Tuttavia, ha quasi lo stesso valore estrinseco a € 1,03. Ho utilizzato un lasso di tempo di 45 giorni prima della scadenza per questo esercizio. I prezzi delle opzioni sono regolati da formule matematiche in modo che sia possibile effettuare preventivamente stime del prezzo delle opzioni. A tale scopo sono disponibili online molti calcolatori e fogli di calcolo gratuiti.

Volatilità Implicita

Una delle caratteristiche più importanti delle opzioni dopo aver considerato il delta e la scadenza temporale è l'entità della variazione del prezzo di un titolo nel tempo. La volatilità ti dà un'idea di quanto siano turbolente le fluttuazioni del prezzo delle azioni. Se guardi un grafico azionario, probabilmente sei abituato al prezzo che sale e scende bruscamente, creando una curva per lo più frastagliata. Più fluttua e maggiori sono le fluttuazioni dei prezzi, maggiore è la volatilità. Tutto è relativo, e quindi non si può dire che un titolo abbia una volatilità "assoluta". La volatilità viene calcolata per l'intero mercato, quindi la volatilità di un'azione viene confrontata con quella dell'intero mercato. Se guardi le azioni stesse, esce da un gruppo chiamato beta. In generale, se il titolo si muove con il mercato azionario, il beta è positivo. Se beta è 1.0, significa che ha la stessa volatilità dell'intero mercato. Questo è un titolo con volatilità media. Se il beta è inferiore a 1.0, il titolo non mostra una volatilità significativa. Un importo inferiore a 1,0 indica quanto meno volatile sia il titolo rispetto al mercato complessivo. Quando il beta è elencato come 0.7, significa che il titolo è del 30% meno volatile rispetto alla media di mercato.

Se il beta è più elevato di 1.0, il titolo è più volatile della media. Quando vedi un titolo con una beta di 1,42, significa che il titolo è del 42% più volatile rispetto alla media del mercato. Quando il beta è negativo, significa che il titolo si sta muovendo in media contro il mercato. Quando il mercato sale, scende e viceversa. La maggior parte delle azioni non ha un beta negativo, ma non sono nemmeno difficili da trovare.

La volatilità è una variabile dinamica. Quindi, se guardi in alto, vedrai un'istantanea della volatilità in quel momento. Ovviamente, nella maggior parte dei casi, non cambierà molto in un breve periodo, come poche settimane o un mese. Ci sono eccezioni, incluso il periodo vincente. La volatilità implicita è una quantità specificata per le opzioni. La volatilità implicita è una misura della volatilità imminente che il prezzo dell'azione dovrebbe vedere per tutta la durata dell'opzione (cioè fino alla data di scadenza).

Lasso di Tempo

Se un'opzione è valutata pari al prezzo dell'azione o se è out of the money, il decadimento temporale ha un impatto significativo sul valore di un'opzione in qualsiasi momento. Per un'opzione che si può dire essere in the money, l'impatto del decadimento del tempo sarà molto inferiore. Più ci si avvicina alla data di scadenza; Il fair value ha poca influenza sul prezzo totale dell'opzione. In questo caso, sarà maggiormente influenzato dalla volatilità implicita e dal prezzo delle azioni sottostanti. Ad esempio, quattro giorni dopo la scadenza, se il prezzo di mercato è fissato a € 110 per azione, un prezzo di esercizio di € 100 per un'azione sottostante ha un valore intrinseco di € 10 e un valore esterno di € 0,56. E un prezzo totale per azione di € 10,56. Pertanto, il prezzo è fortemente ponderato riguardo la tariffa dell'azione stessa. Tuttavia, theta è -0,23, il che significa che quando il mercato aprirà il giorno successivo, l'opzione perderà € 0,23 per azione di valore, a parità di tutti gli altri fattori. Ovviamente, non tutte le situazioni sono uguali e le variazioni dei prezzi delle azioni e la volatilità implicita possono annullarle o aggiungersi ad esse.

La cosa più importante è controllare theta ogni pomeriggio in modo da poter stimare quale sarà il costo se manterrai l'opzione durante la notte. La diminuzione del tempo è un fenomeno esponenziale, quindi diminuisce più velocemente man mano che ci si avvicina alla data di scadenza. Questo è il percorso più importante per il trader in modo da conoscere quando altri fattori sono più critici del decadimento temporale. Non venderai solo la tua opzione in quanto perderà valore la mattina successiva a causa della scadenza del tempo.

Tasso di interesse privo di rischio

Vedrai anche il tasso privo di rischio specificato per un'opzione. Questo è il tasso di interesse ideale che puoi guadagnare con un investimento sicuro. In generale, questo sarebbe il tasso di interesse che potresti guadagnare nel periodo di un'opzione con un Dipartimento del Tesoro degli Stati Uniti in 10 anni. In tempi regolari, questo è un fattore essenziale. L'aumento dei tassi di interesse (che aumentano in modo costante) può abbassare il valore delle opzioni. I tassi di interesse sono stati esigui negli ultimi anni e le variazioni dei tassi di interesse sono state piccole e molto prudenti. Quindi, almeno per ora, non c'è nulla di cui preoccuparsi.

Tempo

Il tempo è denaro. Questo proverbio continua ad essere valido e si applica anche al trading di opzioni. Pertanto, capire come funziona il theta greco e come influisce sui prezzi delle opzioni è fondamentale. Se ricordi, la lettera greca Theta rappresenta l'effetto del decadimento temporale sul valore di un'opzione. Tutte le opzioni, call o put, perdono il loro valore alla scadenza del contratto. Tuttavia, il tasso di perdita del valore di un contratto di opzione dipende dal tempo rimanente alla scadenza.

La parte estrinseca del valore di un'opzione è l'unico fattore influenzato dal decadimento temporale. Ciò significa che un'opzione "in the money" ha lo stesso valore intrinseco fino alla scadenza del contratto. Ad esempio, se un titolo viene scambiato a € 3, un reclamo per un prezzo di esercizio di 30 manterrà il suo valore intrinseco di € 3 dall'inizio alla scadenza. Tuttavia, qualsiasi valore superiore a € 3 sarà considerato irrilevante e sarà influenzato dal trascorrere del tempo. Theta rappresenta la perdita di valore nel tempo, quindi tipicamente lo rappresenta un valore negativo. E poiché il tempo è irreversibile, il tempo si accorcia e non si ferma né torna indietro. Ad esempio, se Theta è impostato su -0,28, il contratto di opzioni corrispondente perderà € 0,28 di valore al giorno.

Tuttavia, Theta cambia nel tempo. Supponendo che il prezzo delle azioni rimanga invariato, un'opzione "out of the money" di € 2,75 con un theta di -0,15 ha un valore scontato di € 2,60 entro il giorno successivo. Il Theta può essere impostato solo su -0,12, il che significa che il costo dell'opzione scenderà a € 2,48 il giorno successivo se i prezzi delle azioni rimangono invariati. Il valore dell'opzione si avvicina gradualmente allo zero mentre è ancora "out of the money". Va anche notato che gli effetti di Theta diventano più evidenti man mano che maturano. Dovresti aspettarti che la data di scadenza acceleri rapidamente nei giorni rimanenti prima della scadenza del contratto. Esteriormente, le opzioni "at the money" hanno il valore più alto. Per questo motivo, i thetas per queste opzioni sono impostati al massimo. Le scelte "in the money" o "out of the money" hanno i loro thetas inferiori perché hanno valori estrinseci inferiori rispetto alle opzioni "on the money". E meno valore estrinseco ha un'opzione, meno perde nel tempo.

L'unico modo in cui la posizione theta sarà favorevole è avere opzioni corte. Questo perché le posizioni in opzioni corte funzionano meglio quando il mercato è stabile. Gli alti e bassi sono negativi per le posizioni delle opzioni e solo il passare del tempo aiuta. Anche altre strategie beneficiano del passare del tempo rispetto alle strategie neutre, ad esempio la long butterfly. Minore è il tempo necessario alla scadenza del contratto, minore è la probabilità che l'inventario sottostante aumenti o diminuisca e raggiunga aree non redditizie.

Per qualsiasi posizione di opzione, ci sarà sempre un compromesso tra movimento di mercato e tempo. È impossibile sfruttare entrambi contemporaneamente. Se il tempo migliora la posizione delle tue opzioni, sarà influenzato negativamente dal movimento dei prezzi. Lo stesso vale in senso contrario. La ripetizione (o il movimento dei prezzi) dei nostri Greeks è il rovescio della medaglia di Theta. Una posizione theta favorevole (la posizione che beneficia del passare del tempo) cade in territorio negativo. Al contrario, una posizione con un theta negativo (la posizione che è influenzata negativamente dal passare del tempo) va in un range positivo.

Volatilità

La volatilità influisce in una certa misura sulla maggior parte dei tipi di investimento. Come trader di opzioni, dovresti avere familiarità con questo elemento e le sue implicazioni per il prezzo delle opzioni. Per definizione, la volatilità è la tendenza di qualcosa a fluttuare o cambiare in modo significativo. Per gli investimenti pubblici, la volatilità si riferisce al tasso al quale il prezzo di uno strumento finanziario aumenta o diminuisce. Uno strumento finanziario con bassa volatilità ha un prezzo relativamente stabile. Al contrario, uno strumento finanziario con elevata volatilità è suscettibile di drastiche variazioni di prezzo in entrambi i casi. In generale, la volatilità dei mercati finanziari può essere principalmente misurata. Quando il mercato diventa difficile da prevedere ei prezzi cambiano regolarmente e rapidamente, il mercato è volatile.

La volatilità può avere un impatto significativo sui prezzi delle opzioni. Molti trader di opzioni principianti non sono consapevoli degli effetti che possono portare a sostanziali perdite di investimento. Prima di iniziare qualsiasi operazione, compreso il trading di opzioni, può essere utile avere un'idea della sua volatilità. Con le opzioni, la volatilità è un fattore critico nel modo in cui vengono valutate.

Esistono due tipi rilevanti di volatilità: volatilità storica e volatilità implicita.

Volatilità Storica

La volatilità storica o statistica viene utilizzata per misurare le variazioni del prezzo dell'opzione sottostante in modo che si basi su dati effettivi e reali. Chiamiamolo HV. HV mostra la rapidità con cui il prezzo delle azioni si è spostato. Più alto è l'AGM, più il prezzo delle azioni si è spostato in un certo periodo. Quando un titolo ha un alto HV, almeno in teoria, è più probabile che il prezzo si muoverà. È più un'indicazione di movimenti futuri che una vera garanzia.

D'altra parte, un HV basso potrebbe indicare che il prezzo delle azioni non si è mosso molto, però potrebbe andare costantemente in una direzione. Puoi utilizzare HV per prevedere quanto cambierà il prezzo di un titolo in base alla rapidità con cui è cambiato in passato, ma non puoi utilizzarlo per indicare una tendenza reale.

L'alta tensione viene misurata in un certo periodo di tempo, ad esempio una settimana, un mese o un anno, e puoi calcolarli in molti modi diversi.

La regola del rischio dell'1%

Con i metodi standard, non rischi mai più dell'1% dei tuoi dati come incentivo per uno scambio una tantum. Ciò non significa che, data la possibilità di avere un conto swap da € 30.000, si possono acquistare solo azioni del valore di € 300, ovvero l'1 percento di € 30.000. Puoi utilizzare la maggior parte del tuo capitale in uno scambio individuale o molto di più se sei un influencer. L'implementazione del principio di rischio dell'1% significa che stai facendo progressi casuali nella gestione per affrontare incidenti più straordinari dell'1% in un unico scambio. Nessuno vince ogni operazione e lo standard di rischio dell'1% protegge il capitale di un broker dal collasso in circostanze terribili. Nel caso in cui avessi una probabilità dell'1% del tuo saldo record corrente su ogni operazione, dovresti perdere 100 transazioni per riga per bloccare il tuo record. Quando è probabile che i learner broker non seguano più la regola dell'1%, riuscirebbero effettivamente a superare il loro primo anno di trading con cifre molto più alte.

Il gioco d'azzardo 1 percento o meno per operazione può sembrare una quantità modesta per alcune persone, ma può portare grandi guadagni. Nel caso in cui rischi l'1%, dovresti anche impostare il tuo obiettivo di rendimento o il desiderio di uno scambio significativo dall'1,5 al 2% o più. Se effettui alcuni scambi ogni giorno, è del tutto possibile accumulare alcuni focus del corso per te ogni giorno, indipendentemente dal fatto che tu vinca solo la metà delle tue transazioni.

Applica la regola

Giocando l'1% del tuo record su uno scambio di solitario, puoi fare uno scambio che ti darà un rendimento del 2% anche se il mercato si è mosso solo di una piccola percentuale. Puoi anche provare l'1% del set di dati, indipendentemente dal fatto che il valore sia solitamente intorno al 5% o allo 0,5%. Puoi farlo avendo degli obiettivi e bloccando i comandi di fortuna sbagliati.

È possibile utilizzare azioni di negoziazione giornaliera standard o per mercati diversi, ad esempio prospetti o valuta estera. Aspettatevi di acquistare una quota per € 15 e avere un conto di € 30.000. Dai un'occhiata al profilo e osserva il valore che di recente ha subito un'oscillazione di transizione a € 14,90. Hai inserito una richiesta di stop sfortuna a € 14,89, un centesimo al di sotto del basso costo in corso. Una volta identificata la tua area di stop-sfortuna, puoi calcolare il numero di offerte da acquistare pur avendo una possibilità con quasi l'1% del tuo set di dati.

Il tuo rischio record è dell'1% di € 30.000 o € 300. Il tuo rischio di cambio si avvicina a € 0,11, determinato come la distinzione tra il costo di acquisto del titolo e il prezzo della sfortuna. Separare il rischio record dal rischio di cambio per ottenere la dimensione della posizione migliore possibile: € 300 / € 0,11 = 2.727 offerte. Arrotondalo a 2.700 e questo mostrerà il numero di annunci che puoi acquistare su questo scambio senza incorrere in disgrazie superiori all'1 percento del tuo record. Nota che 2.700 offerte a € 15 sono € 40.500, il che supera il tuo saldo record di €

30.000. Pertanto, è necessaria un'influenza 2: 1 per completare questo scambio.

Se il valore delle azioni non ti rende così sfortunato, in questa situazione perderai circa l'1% del tuo capitale, o quasi € 300. Se l'affare sale e vendi le tue inserzioni per € 15,22, guadagnerai circa il 2% dei tuoi soldi, o quasi € 600 (meno le commissioni). Questo perché la tua posizione è allineata per guadagnare o perdere solo l'1% circa per ogni € 0,11 che si muove. Se esci a € 15,33, avrai un profitto di trading di quasi il 3%, anche se il valore si è appena spostato del 2%. Questa strategia ti consente di adattare le negoziazioni a un'ampia varietà di situazioni economiche, siano esse imprevedibili o tranquille e redditizie in altri modi. Il metodo si applica anche a tutte le aree aziendali. Prima di fare trading, dovresti conoscere il momento in cui non puoi uscire fermando il prezzo di mercato, e probabilmente dovrai accettarne le conseguenze.

Variazioni di Tasso

I trader con meno di € 100.000 nello scambio di dati in genere utilizzano lo standard dell'1%. Mentre l'1% è più sicuro, alcuni trader applicano una regola di rischio del 2% se vincono in modo affidabile, giocando il 2% della loro valutazione record per operazione. Un punto chiave sarebbe operare solo con l'1,5% o un altro tasso inferiore al 2%.

Con record superiori a € 100.000, molti trader si assumono meno dell'1% di rischio. Ad esempio, possono rischiare solo un misero 0,5 per cento o addirittura 0,1 per cento. Durante il commercio in corso, è difficile rischiare anche l'1% poiché la dimensione delle posizioni sta diventando enorme. Ogni broker troverà un tasso con cui si trova a suo agio e che corrisponde alla liquidità del mercato in cui sta negoziando. Qualunque sia la percentuale che scegli, mantienila al di sotto del 2%.

Resistere alla perdita

Seguire la linea guida dell'1% significa che puoi resistere a una lunga serie di incidenti durante il percorso. Se ti aspetti accordi vincenti maggiori rispetto ai fallimenti, scoprirai che il tuo capitale non diminuisce rapidamente sotto tutti gli aspetti, ma può aumentare abbastanza presto. Prima di correre il rischio anche con l'1% di denaro, esercita la tua procedura su un registro demo e lavora per ottenere vantaggi costanti prima di apportare il tuo capitale reale.

Quanto dovrebbe essere importante la tua posizione?

È fondamentale per qualsiasi investitore informale non scommettere troppi soldi su uno scambio casuale. Tragicamente, moltissime persone non considerano il rischio che corrono quando iniziano a fare trading, ma solo i guadagni possibili. Qualsiasi metodo di trading deve pensare al livello più estremo di capitale di trading totale che dovrebbe essere operato in uno scambio. Per essere onesti, la capacità di un broker di contenere la pessima fortuna è importante (o in crescita) quanto la sua performance nel tracciare posizioni redditizie.

Pensaci. Un trader che ha una pessima fortuna in un'operazione lascia coinvolgere maggiormente? Una grande disgrazia è uno dei motivi principali per cui così tanti trader non riescono a farla franca da queste parti.

Perché i broker depositano "denaro suicida"? Non dovrebbe essere tutt'altro che difficile evitare che una piccola calamità diventi ingestibile se ogni incidente di massa ha poco a che fare con esso? La risposta corrispondente è un risonante "SI".

Limitare le calamità nel commercio quotidiano richiede molto giudizio. In primo luogo, non credo che un trader dovrebbe rischiare più del 2% -5% del proprio capitale di scambio in un passaggio casuale. Perché? Supponiamo che un commerciante aderisca a una regola più estrema dall'1% al 2% di sfortuna. In tal caso, le sue possibilità di rimanere in gioco sono incredibilmente maggiori, poiché sono necessarie numerose disgrazie continue per eliminarlo e avrà più denaro che gli renderà disponibili le aperture.

Se un trader opera su un conto di € 10.000, non dovrebbe perdere più di € 100 a € 200 (dall'1% al 2%) per posizione presa. Con un pensiero simile, la calamità più estrema può essere scalata a € 1.000 o € 2.000 per operazione se esiste un'opzione per tenere un conto di scambio fino a € 100.000. Dati questi tassi di interesse e l'importo che i costi possono spostare rispetto al broker (determinato dai grafici), può calcolare la dimensione più estrema che dovrebbe essere la sua posizione. Questo risulta essere molto più preciso in un modello numerico.

Accetta il fatto che uno specialista finanziario può convertire una monto di centomila euro, a partire da una base di duemila euro (che è cinquanta per l'influenza) e che il commerciante ha diecimila euro di record. Con questa dimensione record, può scambiare un limite di cinque pacchetti (€ 2.000 per ogni cinque pacchetti nel suo edge store = diecimila) in qualsiasi momento - ma è un affare saggio? Dovremmo indagare un po 'più a fondo.

Diciamo che il commerciante analizza l'operazione a seconda dell'approccio e scopre che con l'obiettivo finale di essere long con una potenziale ricompensa di € 800 per parte, dovrebbe essere felice di perdere € 200 per pacchetto. Capisce che se non ha la possibilità di prendere una posizione di pacchetto da 5 e tutto va bene, raccoglierà € 4.000, o il 40% (cinque segmenti per ottocento euro un pacchetto è quattromila euro) per i suoi 10.000 EUR. Quindi, la tua dimensione positiva di cinque pacchetti singoli significa che perderai mille euro (cinque segmenti per duecento euro per scatola equivalgono a mille euro). Sarebbe una buona idea accettare lo scambio? Forse, ma non con cinque parti!!!

La perdita di € 1.000 equivale al 10% del suo capitale commerciale!!! Fino a che punto qualcuno sarà disposto a spingersi dopo un paio di perdite del 10% di fila? In questo modello, la dimensione della posizione più estrema del commerciante dovrebbe essere solo una parte di essa. Da una parte, il trader proverà a scommettere duecento euro (il due percento della sua dimensione record) per guadagnare ottocento euro (o un ritorno dell'otto percento). Potresti provare a guadagnare quei quattromila euro con uno scambio, ma la maggior parte dei professionisti degli investimenti immaginerebbe che questa non sia un'attività da esperti. Il trading riguarda le tue possibilità di sopravvivenza. Non puoi rischiare oltre ciò a cui riesci a resistere. Operare con somme ingenti non è consigliabile.

Prendi questo scenario di determinazione della posizione come esempio: Utilizzo delle risorse (Ricorda che nel mercato di oggi, per qualificarti legalmente come day trader negli Stati Uniti o in Europa, la legge richiede che tu abbia almeno € 25.000 di deposito. A tal riguardo useremo un saldo del conto di € 35.000 nel seguente esempio.

Corri a testa bassa

Le basi dell'investimento sono semplici: compra quando è basso e vendi quando è alto. Tuttavia, devi essere consapevole che ciò che consideri alto può essere considerato inferiore da un altro investitore. Nei mercati finanziari, tutto dipende da metriche e rapporti diversi in modo che si possano trarre conclusioni diverse dalle stesse informazioni di mercato. Quello che devi fare è esercitarti ad apprendere le basi. Dovresti comprendere almeno alcuni termini come rendimento dei dividendi, valore contabile e rapporto prezzo / utili, poiché sai come calcolarli e quali sono i loro punti deboli. Esistono simulatori di azioni online con i quali puoi esercitarti e sbagliata. I penny stock possono aumentare rapidamente, ma possono anche crollare in qualsiasi momento, per non parlare della straordinaria suscettibilità all'illiquidità e alla manipolazione. È difficile per un investitore che sta ancora imparando a ottenere informazioni credibili sugli stock di penny. Quindi, evita gli stock di penny fino a quando non hai una conoscenza adeguata del mercato. Ora che sai tutto ciò è necessario sulle basi degli investimenti, vediamo come puoi creare un piano di investimento.

Acquistare un'opzione con elevata volatilità

Un altro errore che puoi fare è acquistare opzioni in un periodo di elevata volatilità. In questi tempi, i premi delle opzioni sono spesso troppo costosi. Se acquisti un'alternativa, potresti comunque perdere. Ci sono momenti in cui il titolo può essere molto volatile, che è quello che ti aspetteresti. Una significativa diminuzione della volatilità implicita potrebbe causare un leggero calo del prezzo dell'opzione, con conseguente perdita di denaro. Assicurati di acquistare opzioni quando il prezzo non è così volatile. Ciò garantirà che il costo dell'opzione o del titolo non scenda oltre il previsto e che non si paghi troppo per il premio sulle opzioni.

Basa i tuoi investimenti sulle "notizie".

Forse hai sentito parlare di un nuovo prodotto rivoluzionario o voci di un investimento che offre rendimenti sciocanti e hai deciso di basare il tuo investimento su tali informazioni. Per un investitore alle prime armi, questo è un passo terribile. Certo, potresti vincere il jackpot e rifare il trucco, ma lo scenario peggiore è che stai investendo in una voce falsa. I migliori investimenti per i principianti sono le aziende con cui hai familiarità, poiché ti renderà più facile dedicare del tempo alla ricerca di questa particolare opzione di investimento.

Investi le tue riserve in contanti

Secondo studi di mercato, portare i tuoi soldi nel commercio all'ingrosso piuttosto che piccoli incrementi fornirà un migliore ritorno sull'investimento. Tuttavia, questo non significa che dovresti investire fino a rimanere senza soldi. Che tu sia un trader o un investitore che acquista e detiene, investire è un'operazione a lungo termine che richiede il mantenimento della liquidità per opportunità ed emergenze impreviste. Se hai solo la liquidità da investire senza riserve di emergenza, probabilmente non sei pronto per investire seriamente nel mercato.

Mettere tutte le uova in un cesto

Non è saggio investire tutto il tuo capitale in un mercato particolare, che si tratti di materie prime, forex, obbligazioni o mercato azionario. Come investitore per la prima volta che non ha una conoscenza sufficiente del mercato, è meglio diversificare e rischiare allo stesso tempo piccole quantità di capitale. Puoi investire l'intera somma con un solo mezzo una volta che hai familiarità con i mercati. Tuttavia, questo è ancora sconsigliato. Ci saranno momenti in cui otterrai un negozio terribile, non importa quanto tempo hai speso nel mercato delle opzioni. Un trader esperto sa che non dovrebbe mai piazzare tutte le sue scommesse su una singola transazione. Se lo fai e lo scambio va storto, significa che perderai molto del tuo capitale in un unica posizione.

I trader professionisti sanno che dovrebbero distribuire i loro rischi su operazioni diverse in modo da non perdere tutti i loro soldi allo stesso momento. È meglio non trattenere più del cinque percento del capitale disponibile per garantire la sicurezza ed evitare il disastro. Quindi, se hai un totale di € 10.000 da investire, è meglio non entrare mai in un'operazione in cui rischi di perdere più di € 500 se qualcosa va storto. Essere in grado di seguire questa pratica garantirà che la perdita occasionale possa verificarsi senza esaurire tutte le tue riserve di cassa. Se non credi a questo consiglio, puoi facilmente investire molti soldi in uno scambio e, se va storto, perderai una grande somma del tuo capitale.

Non ridurre le tue perdite quando necessario

Un buon detto da seguire quando si fanno trading di opzioni è ridurre le perdite e lasciare che i vincitori corrano. Anche coloro che hanno lavorato nel trading di opzioni scopriranno che uno dei loro scambi a volte è andato storto. La differenza tra il trader alle prime armi e un trader più esperto è che il trader esperto sa quando ha perso e quando lasciare il mercato. Molti principianti continuano a mantenere le negoziazioni che perdono nella speranza che quelle opzioni si riprendano e facciano soldi.

Il problema è che mantengono queste opzioni per molto più tempo e perdono una grossa fetta del loro capitale. Invece di perdere molti soldi, il trader esperto sa ammettere di aver sbagliato e si ritira rapidamente quando le perdite sono ancora esigue. Quindi, hai ancora ad disposizione del capitale per un altro contratto di opzione. È fondamentale ridurre il tempo sprecato, soprattutto se si utilizza una strategia direzionale e si effettua la chiamata sbagliata. La cosa più pratica che puoi fare è uscire dalla tua posizione perdente non appena ti accorgi che si sta muovendo contro le tue aspettative e minando oltre il 2-3% di tutto il capitale che vuoi guadagnare.

Se ti piace utilizzare strategie basate sullo spread, le perdite che avrai saranno sempre più limitate se hai fatto la chiamata sbagliata. Indipendentemente dal metodo utilizzato; tuttavia, una volta scoperto che il tuo trade non ti sta portando un profitto, è tempo di ridurre le tue perdite e investire in una posizione diversa. Questo può portare a migliori profitti.

Se non esiste via d'uscita

Sarebbe ideale se avessi un piano di uscita per ciascuna delle tue operazioni. Preferisco un piano di uscita generale e lascio che ogni transazione segua le stesse regole di base. Un piano di uscita ti aiuterà a ridurre al minimo le tue perdite. Questo risale al problema che i trader inesperti detengono un'opzione fino alla data di scadenza. Questo è più probabile se non hai formulato una strategia per lasciare la tua posizione. Può essere utile tenere un taccuino per registrare tutte le tue operazioni e per annotare le regole per ogni attività. In questo modo, quando le cose fluttuano, puoi comprendere quando sarebbe meglio portarti in una situazione che eviti perdite catastrofiche. Ovviamente, Spero che tu sia ragionevole in termini di numero di contratti di opzione che scambi in un singolo turno. Tuttavia, vuoi avere la regola di uscire dal trading quando le perdite superano un certo importo. Certo, a volte, immagino che si potrebbe sbagliare. In altre parole, se hai alcune restrizioni su come vendere per chiudere quando la perdita raggiunge € 50, posso garantirti che alla fine lo farai, ma le azioni si riprenderanno e, se tu fossi rimasto, avresti guadagnato € 200 o qualcosa del genere. A volte devi accettarlo quando ti perdi queste situazioni. Ma in media, ci sono poche probabilità che succeda. Se un'opzione è diretta a sud e hai una regola di uscita di € 50, è una buona idea mantenerla e convivere con le conseguenze.

Una situazione simile si verifica in alcune circostanze. Come ho suggerito in precedenza, mi atterrò a una regola di vincita di € 50. Quindi, se ho investito in opzioni e raggiungo € 50 per vincita di contratto, lascerò lo scambio. Ci saranno momenti in cui il profitto potrebbe arrivare fino a € 100 o addirittura € 200. Quindi, se hai una regola come questa, ti perderai un trend rialzista di tanto in tanto.

Le basi della psicologia del trading

Combiniamo la psicologia del trading con determinati comportamenti ed emozioni che spesso sono il fattore scatenante per i catalizzatori decisionali. Le emozioni più comuni che un trader incontrerà sono la paura e l'avidità.

Ansia

La paura è uno dei peggiori tipi di emozioni che puoi provare in qualsiasi momento. Ad esempio, un giorno leggi sul giornale di una grande vendita. Quindi, ti preoccupi di cosa fare dopo, anche se non è la cosa giusta da fare al momento. Molti investitori credono di sapere cosa accadrà nei prossimi giorni, il che dà loro grande fiducia nel risultato del commercio. Ciò fa sì che gli investitori entrino nel trading a un livello troppo alto o troppo basso, il che a sua volta li induce a reagire emotivamente. Poiché il trader ripone molte speranze nelle negoziazioni personali, la paura tende ad aumentare e ne conseguono esitazione e cautela. La paura fa parte di ogni trader, ma coloro che sono più esperti possono affrontare l'ansia. Ci sono diversi tipi di preoccupazioni che sperimenterai. Diamo un'occhiata ad alcune di loro:

Perdere la paura

Hai mai fatto uno scambio pensando che potresti perdere? Avere paura rende difficile eseguire la strategia perfetta o entrare o uscire dal sistema al momento giusto. Come trader, sai che devi prendere decisioni prontamente quando la strategia ti segnala di crearne una. Quando la paura ti guida, la tua autostima diminuirà e non avrai la capacità di eseguire correttamente il piano al momento giusto. Quando un metodo fallisce, perdi fiducia nelle tue capacità e tecnica. Se perdi la fiducia in molte delle strategie, diventerai analiticamente paralizzato in modo da non poter premere il grilletto su qualsiasi decisione che prendi. Il movimento diventa una sfida significativa. Se non riesci a premere il grilletto, l'unica cosa a cui puoi pensare è stare lontano dal tormento di perdere mentre ti avvicini alla vittoria.

A nessun trader piace perdere, ma il fatto è che anche i migliori trader di tanto in tanto perderanno. La chiave è che fanno scambi più redditizi che consentono loro di rimanere nel gioco. Se ti preoccupi troppo, ti distrarrai dal tuo processo di esecuzione e ti concentrerai invece sui risultati. Per ridurre la paura nel trading, devi subire delle perdite. La probabilità di perdere o realizzare un profitto è 50/50 e devi accettare questo fatto e accettare uno scambio, sia che si tratti di un segnale di vendita o di acquisto.

La paura di un trend positivo diventa negativa (e viceversa)

Molti trader optano per vincite rapide e poi lasciano diminuire le perdite. Molti trader vogliono convincersi di aver guadagnato un po 'di soldi e quindi mirano a un rapido profitto in modo che si sentano come se stessero vincendo. Allora, cosa dovresti fare? Devi restare fedele all'andamento. Quando noti che una tendenza sta iniziando, è bene attenersi alla direzione fino a quando non si ha un segnale che la tendenza sta per invertirsi. Solo allora lascerai questa posizione. Per comprendere questo concetto, è necessario considerare la storia del mercato. Il record potrebbe indicare che i tempi possono cambiare e le tendenze possono andare in entrambe le direzioni. Ricorda, nessuno sa esattamente quando inizierà o finirà il movimento. Tutto quello che devi fare è aspettare il segnale.

La paura di perdersi

Per qualsiasi scambio, alcune persone dubitano della capacità del commercio di andare avanti. Dopo aver cominciato ad operare, dovrai affrontare molti scettici che dubitano dell'intera procedura e ti lasciano pensieroso se uscire o meno dalla strategia di mercato. Questa paura è modellata anche dall'avidità perché non stai lavorando sulla premessa di un commercio di successo ma sul fatto che la sicurezza aumenterà senza che tu abbia un pezzo della torta. Questa paura di solito si basa sull'informazione che c'è una tendenza che ti sei perso e di cui avresti beneficiato.

Lo svantaggio di questa paura è: dimenticherai i possibili rischi associati allo scambio e penserai invece che sarai in grado di realizzare un profitto perché altre persone hanno beneficiato dell'azione.

Paura di sbagliare

Molti trader danno troppa enfasi sull'avere ragione per dimenticare che questo è un business che dovrebbero fare bene. Dimenticano anche che il successo consiste nel conoscere la tendenza e come influisce sul loro coinvolgimento. Se hai la migliore strategia di tempismo, otterrai molti risultati positivi nel tempo. Il desiderio raccapricciante di concentrarti sull'essere sempre nel giusto invece di concentrarti sul fare soldi è parte integrante del tuo ego. Devi agire senza il tuo ego. Se tieni a mente una mentalità perfezionista quando entri in uno scambio, inseguirai il fallimento perché subirai molte perdite. I perfezionisti non accettano la perdita e questo porta alla paura.

Modi per superare la paura nella vendita al dettaglio

Come puoi vedere, è evidente che la paura può portare alla perdita. Come puoi evitare questa paura e avere successo?

Apprendi

Devi trovare un modo per acquisire conoscenza così da avere le basi per prendere decisioni. Devi studiare bene le opzioni. In questo modo saprai cosa comprare, quando vendere e cosa cercare. Ti sentirai più a tuo agio quando prendi le decisioni giuste.

Avere obiettivi

Quali sono i tuoi obiettivi a breve e lungo termine? Stabilire gli obiettivi giusti ti aiuterà a superare la paura. Quando hai dei piani, hai delle regole che governano il tuo comportamento, anche nei momenti di paura. Hai anche una cronologia del tuo percorso.

Pensa in grande

Devi sempre valutare le tue decisioni e vedere cosa hai guadagnato o perso finora per fare alcuni passi. Comprendere gli errori che hai commesso ti guiderà a prendere decisioni migliori in futuro.

Inizia con poco

Molti trader paurosi hanno già perso molto. Hanno messo in gioco molti soldi e hanno finito per fracassare, il che a sua volta li ha fatti temere di piazzare più scambi. Inizia con piccole quantità, in modo da non avere troppi timori. Una volta che sei più sicuro, puoi investire importi più massicci per realizzare maggiori profitti.

Usa la giusta strategia

Con la giusta strategia di trading, è facile eseguire con successo le tue operazioni.

Assicurati di esaminare diverse strategie di trading di opzioni, in modo da sapere quale è l'ideale per la tua situazione e le tue capacità. Molte strategie possono aiutarti ad avere successo, ma altre possono confonderti. Se hai un sistema che non ti da i rendimenti che desideri, adattalo alle tue esigenze nel tempo. Affinalo finché non sei soddisfatto delle sue prestazioni.

Agisci

Se hai una strategia semplice e diretta, è meno probabile che tu perda la fiducia perché sai cosa aspettarti. Più semplice è la strategia, più velocemente possono essere identificati i problemi.

Non indugiare

A volte devi buttarti in battaglia anche se non conosci bene come funziona. Dopo aver eseguito i passaggi, imparerai di più sul trading. Tuttavia, sarebbe utile se tu fossi sempre pronto ogni volta che fai uno scambio. Più sei preparato, più facile sarà per te eseguire operazioni di successo.

Non abbatterti

Il sistema potrebbe non funzionare sempre come previsto. Ricorda, gli errori sono lì per insegnarti lezioni che ti renderanno un trader migliore. In caso di perdita, prenditi il tempo necessario per identificare l'errore che hai commesso, correggerlo e riprovare.

Avidità

Questo si riferisce al desiderio egoistico di ottenere più soldi di quanto sia necessario da un lavoro. Quando il desiderio di ottenere più di quanto puoi fare generalmente prende il sopravvento sul tuo processo decisionale, vedrai il fallimento. L'avidità è più dannosa della paura. Sì, l'ansia può farti perdere posizioni, ma la cosa buona è che puoi mantenere il tuo capitale. Il desiderio, d'altra parte, ti mette in una situazione in cui spendi i tuoi soldi più velocemente di quanto non ti ripaghi. Ti spinge ad agire quando non dovresti farlo.

Il pericolo di essere avidi

Se sei avido, finisci per agire in modo irrazionale. Un comportamento commerciale irrazionale può essere un eccesso di negoziazione, un finanziamento eccessivo, operazioni troppo lunghe o la caccia a mercati diversi. Più avidità hai, più stupidamente agisci. Quando arrivi al punto in cui il desiderio prende il sopravvento sul buon senso, stai esagerando. Se sei avido, stai anche rischiando molto di più di quanto puoi gestire e sei in perdita. Hai anche aspettative irrealistiche del mercato, il che fa sembrare che tu stia solo cercando denaro e nient'altro. Inoltre, se sei avido, inizi a fare trading prematuramente senza conoscere il mercato del trading di opzioni. Il tuo giudizio sarà offuscato e non penserai alle conseguenze negative che possono derivare dalle decisioni individuali. Molti trader eccessivamente avidi si sono arresi dopo aver commesso questo errore nella fase di trading iniziale.

Come vincere l'avidità?

Come con qualsiasi altra attività di trading, ci vuole un grande sforzo per superare l'avidità. Potrebbe non essere facile perché qui stiamo parlando di emozioni umane, ma è possibile.

Prima di tutto, devi sapere che ogni chiamata non è sempre quella giusta. Ci sono momenti in cui non fai il passo giusto e finisci per perdere soldi. A volte perderai completamente la strategia perfetta e non sarai un passo avanti.

Secondo, devi essere d'accordo sul fatto che il mercato è molto più grande di te. Se lo fai, accetti e commetti errori nel processo.

Aspettative

La speranza è ciò che mantiene viva un'aspettativa commerciale quando ha fatto un'inversione. La speranza di solito si riflette nella mente di un trader che ha investito una grande quantità in un'operazione. Molti trader sperano anche di voler recuperare le perdite passate. Questi trader sperano sempre che la prossima attività sia la migliore e finiscano per investire più di quanto dovrebbero. Tutto sull'acquisto di chiamate coperte

La risposta è sì, ci sono alcuni seri vantaggi nell'acquisto di chiamate coperte. Quindi, entreremo più in dettaglio qui sull'acquisto di chiamate coperte e perché potrebbe darti benefici.

I vantaggi dell'acquisto di chiamate coperte

Ci sono molti vantaggi significativi nell'acquisto di chiamate coperte. Qui spiegheremo come puoi beneficiare di questi acquisti.

Innanzitutto, dovresti acquistare chiamate coperte se sei un investitore che desidera più azioni nel titolo. Anche se devi pagare una commissione per queste opzioni, ecco il punto: se il movimento scendesse molto in basso, puoi avere dei benefici. A questo punto, puoi averlo ad un prezzo più basso del previsto. La vendita di azioni è solitamente un po 'più costosa dell'opzione call coperta. Se stai cercando opportunità per interrompere queste azioni, questo è ciò che dovresti considerare.

La maggior parte delle persone non si rende conto che mentre l'investitore può convincere una banca severa a venderle, ci saranno vantaggi di acquisto. Se li compri, li possiedi, il che significa che puoi farne quello che vuoi. Questo ci porta al secondo punto. Un modo per investire in modo intelligente è acquistare le azioni a buon mercato, quindi tornare indietro e poi vendere le chiamate coperte a un prezzo più alto. In questo modo, ottieni la commissione per l'opzione dalla persona successiva e puoi anche riscattarla.

Questo è il terzo vantaggio. Puoi anche riscattare questa commissione in qualsiasi momento. Quindi, diciamo che il titolo scende, lo compri al prezzo call coperto. Supponiamo che il costo delle chiamate coperte sia 0,37 per azione o € 370. Quindi, se vedi il prezzo delle azioni aumentare istantaneamente, sai cosa fare.50 per azione, poi 500 se lo vendi, l'hai fatto e hai realizzato un profitto di € 130. Puoi anche beneficiare dei dividendi sulle tue azioni.

C'è un altro vantaggio nell'acquisto di chiamate coperte: il tipo di azioni che ottieni. Queste azioni hanno uno scopo. Fluttuano molto e questo, a sua volta, significa che puoi potenzialmente trarne vantaggio o addirittura vendere più chiamate coperte a seconda di ciò che fai. Scoprirai nel tempo che le azioni che ottieni con esso sono in realtà molto volatili rispetto ad altre o in qualche modo hanno un impatto significativo sulla nostra economia. Queste sono anche industrie come l'industria energetica che non se ne andranno presto.

L'acquisto di chiamate coperte espande anche il tuo portafoglio. Se desideri essere preso sul serio come investitore, ti consiglio di espandere il tuo portafoglio come appena menzionato. Questo, a sua volta, mostrerà il tuo potenziale ad altri investitori e persino al tuo broker. Puoi anche venderlo in qualsiasi momento, prelevare i soldi, depositarli nel conto delle opzioni e poi eventualmente arrivare al livello 5 di investimento.

Sì, l'acquisto è un ottimo modo per prepararsi al successo. Sebbene tu abbia sentito molto parlare di come la vendita essenzialmente ti dia il controllo e generi una buona pensione, puoi davvero trarre vantaggio dall'acquisto anche quando fai trading di opzioni. Le chiamate coperte vengono acquistate per un motivo e, sebbene tu possa non vedere i vantaggi ora, ci sono alcuni vantaggi pronti per essere esercitati.

Spiegazione dell'interesse aperto

Parliamo di interesse aperto. Questo è il numero totale di contratti in essere, in questo caso, opzioni che non sono state regolate per l'affare. Questo non conta per ogni contratto di acquisto e vendita, ma è un'immagine dell'attività di trading di opzioni. Mostra se il denaro scorre e se il titolo sottostante sta salendo o scendendo al di sotto di tutto ciò. Cosa significa? Bene, Open Interest è uno dei campi dati che vedi quando osservi l'opzione. Ciò include anche il prezzo di offerta, il prezzo di domanda, la volatilità implicita e il volume uniforme. Molti trader lo ignorano e questa è una cosa sconcertante. Perché quasi non si aggiorna durante il day trading e potresti non notarlo, ma a volte si traduce in contratti eseguiti senza che tu lo sappia.

Facciamo un esempio. Hai 1000 azioni di ABC e vuoi fare una chiamata coperta vendendo 10 di quelle chiamate, e in sostanza la riveleresti. È una transazione aperta e aggiungi 10 di quelle azioni all'interesse reale. Stai essenzialmente entrando nel commercio per concludere un acquisto, e questo ridurrebbe anche i tassi di apertura di 10. Quindi, supponiamo che tu acquisti 10 chiamate ABC da aprire e un'altra persona acquisti dieci chiamate da chiudere, lo stesso numero, quindi non cambia nulla. Perché è così importante? Se osservi l'interesse aperto, non saprai immediatamente se le opzioni vengono acquistate o vendute, motivo per cui molti lo ignorano. Ma la verità è che anche questa è un'informazione importante e non dovresti presumere che non ci sia nulla. Un modo per usarlo è guardare il volume dei contratti che stai negoziando. Quando questo inizia a superare le posizioni aperte esistenti, indica che il trading in questa opzione è molto alto. Ciò significa che molti si direzionano a questa opzione. Potresti voler reagire a questo se ritieni che otterrai un profitto acquisendo questo titolo sottostante.

Facciamo un altro esempio. Vedi che le posizioni aperte per il titolo, come IBM sono 12.000. Ciò suggerisce che il mercato è attivo in quest'area e potrebbero esserci investitori che cercano di fare trading. Puoi notare che il prezzo dell'offerta è solo € 1 e l'opzione è € 1,06, il che significa che puoi acquistare un contratto di opzioni call a un prezzo medio di mercato. Supponiamo che l'Open Interest sia a 3. Virtualmente non c'è attività per queste opzioni call e non esiste un mercato secondario poiché le persone non sono interessate ad esse. Quindi, farai fatica a salire o scendere a un prezzo ragionevole.

Prendi GameStop, ad esempio. Secondo i loro ultimi rapporti, è probabile che le loro azioni abbiano un tasso di apertura incredibilmente basso. Ciò significa che non dovresti provare ad agire. Tuttavia, Apple sta attualmente lanciando più prodotti e si prepara a vendere più prodotti di punta. Pertanto, c'è un grande interesse in questo campo. Ciò significa che potresti prendere in considerazione l'idea di saltare e possibilmente acquistare chiamate coperte su questa promozione a un prezzo ragionevole. Open Interest non viene aggiornato così spesso, per questo è una sfida capire come può influenzare la tua corsa e il tuo approccio allo scambio. Fornisce una buona indicazione del volume di scambio totale del titolo, il che lo rende molto efficace.

I rischi delle chiamate coperte

Quando acquisti chiamate coperte, stai essenzialmente scommettendo che lo stock diventa abbastanza alto da poterlo ottenere per quello che vuoi che sia. Questo è il tuo rischio principale. Ma come può essere così rischioso? Quando acquisti una chiamata, devi pagare una tariffa alla persona che effettua la chiamata coperta. Ebbene, quella commissione potrebbe essere alta. Arrivando a qualche centinaio di euro. Potresti scommettere che il titolo aumenterà abbastanza da poterlo ottenere dei benefici.

Ad esempio, supponiamo che attualmente vedi lo stock a 100. Supponiamo che la chiamata coperta sia 105 e che tu decida di ottenere un contratto di opzione su di essa. Quindi, vedi che il tempo passa, ma lo stock non raggiunge mai 105 e rimane a 103. Beh, sfortunatamente, hai perso dei soldi lì perché hai scommesso che non è salito in modo da poter ottenere un accordo, e purtroppo non è successo. Quando acquisti una chiamata coperta, devi assicurarti di ottenere azioni che aumentano entro quel lasso di tempo, a un prezzo che sei disposto a pagare e con il potenziale per realizzare un profitto. Se li ha tutti e tre, allora entra e corri il rischio. Tuttavia, ciò che può essere preoccupante è quanto puoi potenzialmente perdere.

Ad esempio, supponiamo che tu voglia acquistare un'azione con potenziale di crescita. Decidi di acquistare alcune delle azioni di Investor X. L'investitore X ha operato con una covered call pagando 0,95 per azione. Quindi, dopo 100 azioni, costa € 950. Scegli di farlo e ricevi la quota di € 300 che è stata loro pagata. Ottimo vero? Ebbene, sfortunatamente, questo stock non sta aumentando. Né diminuisce. Ristagna e basta. Pensavi di avere l'opportunità, ma poi non puoi fare nulla per cambiare le cose. Hai appena perso questi € 300; l'investitore può tenerlo e così per le tue azioni. Se lo fai cinque volte con cinque azioni diverse, saranno € 1.500.

Quindi, tienilo a mente quando hai a che fare con le chiamate coperte in quanto può potenzialmente rovinarti se non stai attento.

Trova le azioni giuste e il prezzo di esercizio per una chiamata coperta.

Come trovi l'inventario giusto per questo? Bene, ancora una volta, vuoi trovare un titolo che abbia una volatilità sufficiente per raggiungere il prezzo che desideri, pagare dividendi decenti e anche inserirsi in un campo che durerà per un po' di tempo. Uno che è attualmente fiorente è DSL. Potresti pensare che non funzioni così bene, ma detiene comunque un numero incredibile di dividendi. Detto questo, se trovi azioni che vengono vendute e che hanno margine di miglioramento in futuro e su cui vale la pena investire, fallo.

Ruota le posizioni

Come trader, puoi ottenere una posizione per aumentare le tue possibilità di successo. Il termine laminazione si riferisce all'adeguamento al lavoro esistente nei mercati per migliorare la prospettiva di profitti o evitare perdite. Quando chiudi una posizione, stai essenzialmente chiudendo un appuntamento esistente e quindi apri una situazione simile con lo stesso numero di contratti di opzione a un prezzo di esercizio inferiore. Questo generalmente migliora le prospettive delle tue strategie.

Ci sono tre modi di base per rotolare le posizioni delle opzioni. Puoi spostare una posizione in avanti, indietro o anche verso l'alto, a seconda dei tuoi obiettivi. Il termine "opzione roll" deriva dall'espressione "opzione roll down fino al raggiungimento di un prezzo di esercizio inferiore". Di volta in volta, i trader devono apportare modifiche o aggiustamenti a una posizione esistente. Ogni volta che un trader chiude una posizione esistente e ne apre immediatamente una simile con un numero uguale di contratti, ma a un prezzo di esercizio inferiore, consideriamo questo un processo di roll-down. Come trader, imparare l'arte di uscire da una posizione può essere fondamentale per le tue strategie e può determinare le tue prestazioni e la tua redditività.

Lascia una posizione

Sia le posizioni corte che quelle lunghe possono essere gestite utilizzando tecniche di laminazione. Lo stesso vale per le opzioni put e call. Quando si tratta di ottenere potenziali clienti, la tecnica di rotazione invia la maggior parte dell'opzione in contanti. Tuttavia, con le opzioni put, il costo è maggiore. Quando sei long nel mercato, devi creare un ordine simile, ovvero una vendita per chiudere. Puoi presumere che stai compilando un modulo d'ordine con il tuo broker per eseguire un processo di roll-on. Alcuni ordini richiedono di aggiungere o acquistare un BTO per aprire, o STC o vendere per chiudere una posizione.

Scopo della riduzione delle opzioni

Ci sono ragioni per cui i trader spesso riducono le posizioni che detengono negli spread delle opzioni. Il primo è evitare la mappatura. Quando un trader abbassa un'opzione short put, l'obiettivo principale è impedire l'assegnazione di opzioni di denaro. Spesso questo è il caso in cui un trader negozia una put-write nuda, che è un approccio problematico riservato solo ai trader esperti. Pertanto, a un certo punto, un trader lancerà una posizione per evitare l'allocazione. In altre situazioni, un trader ottiene una posizione per apportare modifiche che migliorano le proprie prospettive. Lo fanno in anticipo se vogliono realizzare un profitto su una lunga posizione. In questo caso, vengono ridotte le posizioni di lunga durata. I trader utilizzano anche posizioni di roll-down per fermare una perdita. Se i trader detengono opzioni call estese che stanno iniziando a perdere denaro, è consigliabile rotolare queste posizioni e apportare modifiche per prevenire la perdita e favorire il guadagno. È anche saggio utilizzare tecniche di laminazione per recuperare il valore che rimane in una posizione in cui si perde il denaro.

Roll dell'Iron Condor

Ci sono alcune opzioni che i trader hanno e una di queste è la rotazione della posizione. Distribuiamo determinate posizioni in modo da avere tempo per le correzioni. Ad esempio, se hai una posizione nel mercato che non sta realizzando profitto appena prima della data di scadenza, puoi cambiare quella posizione in modo che scada in un mese successivo. Questo può essere fatto con uno short put nudo, uno short straddle o uno short strangle. Il rotolamento è possibile anche per posizioni più complesse come lo short iron condor. Uno short iron condor è generalmente una transazione a premio rapido, il cui rischio è chiaramente definito. Tuttavia, è molto più difficile disegnare queste posizioni rispetto a quelle più facili.

Mentre togli l'iron condor, potresti iniziare ad operare con chiamate brevi. In particolare, fallo quando il prezzo del titolo sottostante inizia a scendere e si avvicina allo spread short put. Idealmente, una posizione condor temporanea spesso inizia senza alcun rischio di esposizione, poiché il delta della posizione è praticamente zero.

Tuttavia, mentre il trade prende forma, il prezzo delle azioni diventa rapidamente ribassista, avvicinandosi al prezzo di esercizio dello shot put. In questa situazione, il delta della posizione aumenterà, indicando che il commercio è generalmente rialzista nella sua direzione. Uno dei modi migliori per personalizzare l'iron condor è acquistare la call spread per chiudere lo scambio. Questo è l'approccio migliore per ridurre le perdite. Quindi venderemo anche una nuova opzione call con un prezzo di esercizio inferiore. Questo aprirà un altro scambio allettante.

Successo nella regolazione dell'Iron Condor

L'esecuzione di questo processo di laminazione sulla diffusione dell'Iron Condor può aiutarti a raccogliere più premi. Questo perché le opzioni call con un prezzo di esercizio più alto si traducono in un prestito netto. Tali opportunità sono generalmente più economiche e si trasformano in un credito netto.

Possono anche fermare e potenzialmente neutralizzare l'esposizione direzionale a cui ti porterebbe l'Iron Condor. Quando l'opzione call viene abbassata, l'Iron Condor riceve un delta positivo. Pertanto, il ruolo garantisce che l'esposizione direzionale cambi direzione da una posizione ribassista a una posizione rialzista e ancora più vicino a una posizione neutra.

Abbassa una posizione di chiamata corta

Se vuoi ridurre una posizione short call, devi creare due ordini simultanei. Questi ordini sono STO o Sell to Open e BTC o Buy to Close. BTC è impostato per chiudere l'attuale posizione corta. La STO viene quindi utilizzata per aprire una nuova situazione temporanea, ma a un prezzo di esercizio inferiore. Allo stato attuale, la maggior parte dei broker di opzioni offre ai trader l'opportunità di ridurre le proprie posizioni. Passare direttamente alle piattaforme di brokeraggio consente di eseguire ordini per chiudere una situazione che richiede tecniche di gestione aggiuntive. Quando finalmente decidi di rinnovare il lavoro, accedi alla tua piattaforma di intermediazione, compila i moduli di rotazione richiesti, quindi scegli la posizione che desideri.

Esempio: rolldown di una posizione short call

Le azioni della società ABC hanno un prezzo di € 50 sui mercati. Hai opzioni call sul mercato con un prezzo di esercizio di € 50 e, si spera, ci sarà un breve pullback. Pochi giorni dopo, noti che le azioni ABC sono scese a € 45, quindi speri in un altro calo. Quindi, scegli di ridurre le opzioni di chiamata che possiedi a un nuovo prezzo di € 45 invece del prezzo originale di € 50.

Riducendo l'opzione, la tua posizione avrà maggiori guadagni se il prezzo delle azioni continua a scendere. Se hai abbassato successo il tuo prezzo d'esercizio da € 50 scenderà a € 45, hai sostanzialmente ridotto la tua posizione e ti sei posizionato per guadagnare di più.

Assumi una posizione short put

Svolgere una posizione put è molto simile ad un unrolling short post. Una di queste tecniche di gestione delle opzioni è una strategia retrograda. La procedura è essenzialmente la stessa. Come trader, figurativamente eserciti entrambe le gambe per ridurre al minimo il rischio di scivolare. Lo slippage, in questo caso, si riferisce all'erosione degli utili che si verifica quando il prezzo del titolo sottostante cambia. Quando avvii un'opzione put, la nuova posizione è più economica perché il prezzo di esercizio è inferiore. I nuovi contratti costano meno di quelli vecchi. Anche in questo caso, il risultato potrebbe essere un credito o un addebito su un conto. È la differenza di prezzo che determina l'importo del credito o del debito su un budget.

Motivi per lanciare una short put

Ci sono diversi motivi per cui dovresti retrocedere una posizione. Uno di questi è impedire a un acquirente di esercitare un contratto di opzione. Gli acquirenti put si riservano il diritto di acquistare le azioni sottostanti al prezzo indicato. Quindi, quando hai una posizione nuda, puoi essere seriamente esposto. Un altro motivo per cui le opzioni put vengono ridotte o gestite potrebbe essere il desiderio di aumentare il livello in caso di una scelta lunga nel mercato.

Una scommessa lunga che è in the money perde valore e, quindi, ha la necessità di passare attraverso un processo continuo. Introducendo una posizione, i trader possono compensare le loro perdite e realizzare molti più profitti per le posizioni di mercato. Mantenere una posizione long call nel mercato può potenzialmente abbassare il prezzo di esercizio al momento del cambio di posizione. In questo modo il titolo sottostante si deprezzerà, anche se il trader ha una visione ottimistica del costo. Pertanto, la posizione rimane dopo un roll-out e le possibili perdite vengono eliminate.

Rolling esempio di una posizione short put

Le azioni della ABC hanno un prezzo di € 50. Quindi, opti per un'opzione short put a un prezzo di esercizio di € 50. I tuoi potenziali clienti per questa posizione sono ottimisti sull'assicurarti di trarne vantaggio se il prezzo sale. Tuttavia, il prezzo scende a € 45, causando perdite su alcune delle tue opzioni. L'opzione in sé è in the money, quindi ora penso che si riprenderà in tempo. Per trarre vantaggio dal previsto movimento al rialzo del prezzo del titolo sottostante è necessario ridurre questa posizione.

Fai un short straddle

Lo short straddle è una delle strategie più profittevoli attualmente disponibili sul mercato. Di volta in volta, tuttavia, i trader devono adeguare le proprie posizioni in base alle esigenze e alle prospettive del mercato. Questa è una tecnica che dovrebbe essere lasciata solo a trader esperti e avanzati. Gli intermediari e altri trader a volte trovano difficile e complesso modificare una posizione. Non è affatto questo il problema, poiché la maggior parte delle posizioni nel mercato può essere modificata. A volte viene creato un breve straddle come parte di una Iron Butterfly. Implica la vendita di un'opzione a un prezzo, e consiste in un'opzione put e un'opzione call.

CAPITOLO 3: TENDENZE ED AREE

La maggior parte dei principianti presume che l'analisi tecnica sia uguale agli indicatori. Non è vero. Le frecce ti aiutano a decifrare ciò che sta accadendo nel mercato, ma sono sempre in ritardo rispetto ad esso. Dopotutto, è un derivato di qualcosa, e quindi non puoi mai aspettarti che un indicatore ti dica in anticipo cosa accadrà. È semplicemente irrealistico. Invece, è meglio andare alla fonte stessa, che sembra essere il grafico dei prezzi.

Il grafico dei prezzi può sembrare intimidatorio, ma se riusciamo a capire i due principi fondamentali con cui funziona, possiamo dargli molto più senso. Questi due principi sono la tendenza verso l'asse della distanza ed il supporto e la resistenza. Se hai già fatto trading in passato, probabilmente hai sentito parlare di questi termini, ma posso garantire che non li hai mai imparati o usati nel modo in cui dovresti.

Il fatto è che non hai bisogno di indicatori per fare trading nel modo corretto. Se riesci a scoprire la tendenza contro la portata del mercato e i relativi livelli di supporto e resistenza, puoi fare trading con successo. Sembra una grande sfida, ma non è così complicato come sembra. La chiave è comprendere le basi di tutti questi termini in modo da poter elaborare il grafico del prezzo inverso.

Discutiamoli uno per uno.

Le Aree

Gli intervalli sono i migliori amici di un principiante.

Il prezzo dovrebbe rientrare in un intervallo quando si muove lateralmente. Se pensi in modo laterale, potresti pensare che il prezzo si stia muovendo all'interno di un ambito ben definito, ma non è del tutto corretto. Il prezzo potrebbe essere ripetutamente allo stesso livello inferiore, ma a livello superiore, i picchi non sono del tutto in sintonia tra loro e raggiungono un massimo molto più alto degli altri.

Questa è la cosa che rende gli intervalli un problema per la maggior parte dei principianti. La chiave per risolvere questa confusione è rendersi conto che i limiti superiore e inferiore di uno spazio vuoto si chiamano zone. Capirai meglio gli effetti man mano che apprendi il supporto e la resistenza. Per ora, ricorda che il movimento laterale su e giù non deve avere confini netti. Gli intervalli possono verificarsi in due punti: il primo è all'interno di un trend e il secondo è alla fine di un movimento. Quelle che compaiono alla fine delle tendenze sono solitamente molto ampie e spesso indicano una ridistribuzione degli ordini tra le due parti del mercato. Ci sono sempre due lati principali del mercato: il lato rialzista e il lato ribassista. Il lato rialzista cerca di spingere i prezzi al rialzo, mentre il lato ribassista cerca di far scendere i prezzi.

Il tiro alla fune in cui vieni coinvolto viene giocato sui grafici dei prezzi, e questo crea svariati movimenti di tariffe. Ad ogni passo del percorso, attraverso ogni singolo segno di spunta sul grafico dei prezzi, le due forze si combattono. A volte hai il controllo completo, mentre la maggior parte delle volte la forza è bilanciata in un rapporto specifico tra i due.

Tendenze

Le tendenze a primo impatto sembrano abbastanza semplici. Ogni trader studia la maggior parte di esse per comprenderle appieno. Dopotutto, è qui che il prezzo si muove in una particolare direzione, e più il prezzo si muove, più soldi puoi guadagnare.

Il problema è che le tendenze tendono a scappare di mano ai principianti. Richiedono voti decisivi e, soprattutto, che il trader resista il più a lungo possibile. Ciò significa che la capacità di premere il grilletto su uno scambio e quindi avere la pazienza di mantenere la posizione fino al momento giusto per uscire, sono abilità essenziali. Alla maggior parte dei principianti mancano tali abilità. Il trucco nelle tendenze di trading è determinare quanto tempo vuoi che questo richieda. In altre parole, se potessi scoprire che la tendenza attuale sta portando delle perdite, sapresti che dovresti uscire in fretta.

Tipi di spread di credito
Bull put spread

Questa è un'eccellente strategia di opzioni per i principianti. È una tecnica ribassista in cui il prezzo dell'asset in questione scende in modo abbastanza significativo ma non esageratamente. Sono necessarie due transazioni a un costo iniziale. Il commerciante

Vendere una scommessa in denaro

Sono implementati acquistando un premio inferiore dall'opzione money put e, allo stesso tempo, vendendone uno nell'opzione money put che ha un premio più alto. Si ottiene un profitto quando il prezzo del bene associato è uguale al credito ricevuto dalle opzioni. La formula per questo è:

Ricompensa ricevuta - Commissioni pagate = Profitto.

Si verifica una perdita se il prezzo dell'azione scende al di sotto del prezzo di esercizio alla data di scadenza o prima di tale data. Questo viene calcolato utilizzando questa formula:

Il prezzo di esercizio per la put short - prezzo di esercizio per la put lunga premio netto + commissione pagata = perdita

Formula di pareggio:

Il prezzo di esercizio per short put - Premio netto ricevuto = pareggio.

Bear call spread

Questo tipo di opzione funziona in modo simile a quanto sopra e il profitto dipende dal moderato calo del prezzo dell'asset associato. Il commerciante:

Il profitto viene calcolato utilizzando questa formula:

Premio ricevuto - commissioni pagate = profitto.

Si verifica una perdita se il prezzo delle azioni supera il prezzo di esercizio alla data di scadenza o prima di tale data. Questo viene calcolato utilizzando questa formula:

Prezzo di esercizio della chiamata lunga - Prezzo di esercizio della chiamata breve - Premio netto ricevuto + Commissioni pagate = Perdita

Il pareggio viene calcolato come segue:

Prezzo di esercizio dello short call + premio netto ricevuto = pareggio.

Questa strategia ribassista è un po 'più complicata e generalmente non è raccomandata per i trader di opzioni alle prime armi.

Spread Short Butterfly

Questa è una strategia basata sulla volatilità tipicamente praticata dai trader di opzioni medio-avanzati. Questo vale sia per le opzioni call che per quelle put di questo campo. Ci sono tre transazioni.

Questa non è una strategia di trading di opzioni in cui un trader dovrebbe buttarsi in modo frivolo. Ciò richiede un'attenta riflessione. Quindi, questa è una strategia utilizzata al meglio dai trader di opzioni medie e avanzate. Tuttavia, se eseguita correttamente, offre vantaggi come una maggiore flessibilità e la capacità di trarre profitto indipendentemente dalla direzione del prezzo dell'asset. Sia il profitto che la perdita di questo tipo di strategia sono limitati. Questa restrizione è importante per la gestione del rischio.

Spread Iron Butterfly

Questa è una strategia neutra con quattro transazioni. Il commerciante:

- Comprane uno dalla money call.
- Vendine 1 alla chiamata di denaro
- Acquistane 1 con i soldi che hai investito.
- Vendine 1 al denaro depositato

Le due call e le put di questa strategia di opzioni sono le stesse e l'asset associato e la data di scadenza di tutti questi componenti sono gli stessi. A causa della complessità di questa strategia, non è adatta ai principianti. Le commissioni più elevate lo rendono anche meno attraente per la maggior parte dei trader. Tuttavia, i vantaggi includono un potenziale di profitto più elevato. Questa strategia è utile per realizzare grandi profitti. Quindi, con un contratto così ampio, può valere la pena perseguire questa strategia ed aumentare le commissioni.

Debit Spread

Come funzionano gli spread di debito?

A differenza di uno spread di credito, in cui il venditore riceve contanti sul proprio conto, gli spread di debito subiscono invece costi iniziali. Il premio viene pagato dal conto dell'investitore all'apertura della posizione e viene indicato come addebito diretto. Questo tipo di strategia viene utilizzato principalmente per compensare i costi associati alle posizioni in opzioni lunghe. Questo perché il premio ricevuto è superiore a quello ricevuto. Di conseguenza, il debito netto è il valore di perdita più alto possibile in questo tipo di strategia di opzione. Le perdite sono quindi limitate.

Nonostante questo costo iniziale, gli spread di debito sono generalmente considerati più sicuri e meno complicati degli spread di credito. Gli spread di debito sono quindi utilizzati più spesso degli spread di credito dai principianti.

Proprio come con gli spread di credito, ci sono almeno due opzioni per la transazione. Il trader paga per un'opzione a premio più alto mentre vende un'opzione a premio inferiore. Tuttavia, proprio come con gli spread di credito, il numero di operazioni eseguite in questa strategia può superare le 2.

Come per gli spread di credito, esistono versioni call e put. La versione della chiamata primaria è configurata come segue: l'investitore:

- Acquista una chiamata
- Vendi una chiamata

Il profitto viene calcolato utilizzando questa formula:

Dimensione dei due prezzi di esercizio: commissioni sul premio = profitto

Il profitto viene calcolato utilizzando questa formula:

Premio pagato + commissioni = perdita

Con l'opzione put, la configurazione è simile a questa:

- Vendi una put
- Compra un put (questo è lo strike più alto)

Il profitto viene calcolato con la seguente formula:

Dimensione dei due prezzi di esercizio: commissioni sul premio = profitto

La perdita viene calcolato utilizzando questa formula:

Premio pagato + commissioni = perdita

Tutte queste equazioni sono x100 per preparare un contratto con 100 azioni come asset associato.

Delta

Conoscere i Greeks e cosa significano quando si tratta di trading di opzioni può aiutarti a diventare un trader più istruito ed efficace. Un trader più istruito è quello che ha maggiori probabilità di realizzare un profitto. Quindi, iniziamo con il primo Greek chiamato Delta. È anche noto come tasso di prevalenza, ma questo termine non è usato molto spesso e per cercarlo bisogna trovare il Delta.

Il concetto alla base di Delta è abbastanza semplice e facile da usare. Ecco quanto cambia il prezzo di un'opzione se il prezzo delle azioni sottostanti cambia di un euro. Considera un delta di 0,68. Se il titolo sottostante cambia di un dollaro, significa che il prezzo dell'opzione è cambiato di € 0,68.

Il Delta cambia nel tempo, a seconda di alcuni fattori. Prendiamo in cosiderazione prima l'opzione di chiamata di denaro. Quando è nel capitale, il Delta aumenta nel tempo. La ragione di ciò è che il valore esterno diminuisce mentre il valore interno rimane direttamente proporzionale al prezzo del titolo. Quindi il Delta aumenterà. All'inizio, questo effetto è appena o per niente evidente. Meno tempo rimane per l'opzione, più se ne comprende il significato. Consideriamo ora un'opzione call out of the money. In questo caso, Delta diminuirà.

Per fare un confronto, supponiamo che tu abbia un'opzione call con un prezzo di esercizio di € 100. Inoltre, supponiamo che restino dieci giorni alla scadenza. Se il prezzo dell'azione sottostante è € 99 (quindi l'opzione call è out of the money), il Delta è € 0,43. D'altra parte, se il prezzo delle azioni fosse € 101 (quindi l'opportunità era nel capitale), il Delta sarebbe 0,59.

Ciò dimostra che quando l'opzione va in the money, a parità di altre condizioni, la scelta è maggiormente influenzata dal prezzo delle azioni sottostanti. Per vedere come funziona, passiamo a questo scenario. Nei termini indicati con il prezzo delle azioni di € 101, il prezzo dell'opzione call è di € 2,54. Ad esempio, supponiamo che il prezzo delle azioni salga a 102. Poiché il Delta è 0,59, ci aspettiamo che l'aumento di € 1 del prezzo delle azioni aumenti a sua volta il prezzo dell'opzione da € 0,59 a € 3,13.

Aumenta un po 'di più fino a € 3,16, che era una stima piuttosto buona. Quando il prezzo cambia, cambia anche il Delta. In questo caso, è salito a 0,66, il che significa che un altro aumento di € 1 avrà un impatto interessante.

Gamma

Ora riflettiamo sul prossimo Greek, Gamma. Questo è un po 'più complicato. Il Gamma può essere visto come una seconda derivata se hai esperienza con il calcolo. Se non hai esperienza con il calcolo o stai avendo difficoltà a comprendere questi termini molto tecnici, mi scuso per il mal di testa. Tornando a noi, ciò significa che l'intervallo è il tasso al quale il delta cambia se il prezzo del titolo sottostante cambia di un euro. Come nota a margine, se ti ricordi del calcolo, una derivata della posizione nel tempo è la velocità. Quindi, puoi pensare al Delta come un'indicazione del tasso o della velocità con cui cambia il prezzo dell'opzione.

In questa analogia, l'intervallo sarebbe l'accelerazione della variazione del prezzo dell'opzione. La comprensione dei dettagli e di tutti i calcoli non è necessaria per la maggior parte dei trader di opzioni. Tuttavia, puoi seguire alcune regole pratiche di base. Il punto critico è questo. Maggiore è l'intervallo, più reattiva sarà l'opzione alle variazioni del prezzo delle azioni sottostanti. Un altro modo per calcolarlo è sapere che il Delta cambia ogni volta che cambia il prezzo del titolo sottostante. Quindi, il Delta è buono quando il prezzo del titolo ha un valore tale da portare profitti. Con gamma, puoi stimare come cambia il delta con i movimenti dei prezzi. Più sei lontano dallo scarico, maggiore è l'autonomia.

Più un'opzione è in the money, minore diventa l'intervallo. Ciò conclude che Delta non cambierà molto se l'opzione è in contanti per una data variazione del prezzo del titolo sottostante. Quando il Delta va a 1.0, l'intervallo va a zero.

Theta

È un dato di fatto che il valore esterno di un'opzione diminuisce nel tempo. Non c'è modo di aggirarlo. Se un'opzione è più lontana dalla data di scadenza, c'è una maggiore possibilità che il prezzo dell'azione fluttui. Ciò significa che le fluttuazioni del prezzo delle azioni per un periodo prolungato potrebbero portare un'opzione in out of the money. Man mano che ti avvicini alla scadenza, ci sono meno possibilità. Quindi, un'opportunità out-of-the-money non ha molto valore con il passare dei giorni. Basta calcolare i prezzi delle opzioni o guardarli nei mercati e potrebbe sembrare un po' sconcertante su come cambia il valore estrinseco. Ma puoi usare theta per avere un'idea di cosa sta succedendo. Theta fornisce una stima di quanto il prezzo dell'opzione diminuirà ogni giorno che passa. In particolare scoprirai quanto viene ridotto il valore estrinseco o temporale dell'opzione.

Poiché theta ti dice di quanto diminuisce il valore estrinseco, e viene elencato con un numero negativo. Considera un'opzione con un prezzo di esercizio di € 50 e un prezzo delle azioni di € 53. Circa 15 giorni dopo la scadenza, e theta è -0,027 per un'opzione call e -0,026 per un'opzione put. Diamo un'occhiata all'opzione call. Il principio è più o meno lo stesso per entrambi. Questo ci dice che il valore estrinseco di 14 giorni scenderà di circa € 0,03. Quindici giorni dopo la scadenza, il costo esterno per l'opzione call è di € 0,29. Pertanto, ci aspettiamo che scenda a 0,26 € il giorno successivo. È esattamente quello che succede.

La diminuzione del tempo è esponenziale e non lineare. Se un'opzione è in the money, il valore theta diminuirà alla data di scadenza. Quando è fuori dal capitale, diventa più grande. Ciò indica che un'opzione out-of-the-money si svaluta rapidamente all'avvicinarsi della data di scadenza.

Un'opzione in-the-money si deprezza invece gradualmente con l'avvicinarsi della data di scadenza. Le alternative aumenteranno di valore man mano che scadono. Con le opzioni in contanti, il valore esterno rappresenta una percentuale maggiore del loro prezzo rispetto ad altre opzioni. Sebbene theta sarà più piccolo per le opzioni monetarie, rappresenta comunque una percentuale più alta della perdita di prezzo poiché il valore esterno è il 100% del totale.

In ogni caso, le opzioni perderanno sempre valore all'avvicinarsi della data di scadenza. Indipendentemente da dove sia la tua opzione in denaro, puoi sottrarre il valore theta dal valore estrinseco per determinare quanto sarà il giorno successivo.

Vega

Stiamo ora entrando in un'area leggermente più complicata. Vega è correlato ai cambiamenti nella volatilità implicita.

Se la volatilità implicita cambia di un punto, ciò cambia il valore estrinseco dell'opzione. Questo sarà direttamente proporzionale a Vega. Quindi, se Vega è 0,42, significherebbe che il prezzo dell'opzione aumenterebbe di € 0,42 se la volatilità implicita aumentasse di un punto. Più volatilità significa prezzi delle opzioni più alti. È vero anche il contrario; Se la volatilità implicita dovesse diminuire di un punto, se Vega fosse ad esempio 0,42, il prezzo dell'opzione diminuirebbe di quarantadue centesimi.

Quindi, tieni presente che Vega ti direbbe quanto è significativa la volatilità implicita sul prezzo dell'opzione. Maggiore è il valore Vega, maggiori saranno le variazioni critiche nella volatilità implicita dei prezzi. I consulenti finanziari suggeriscono che il momento migliore per acquistare un'opzione è quando Vega è al di sotto della media. Se la volatilità implicita è storicamente bassa, indicherebbe che l'acquisto è l'opzione migliore. D'altra parte, se la volatilità implicita è alta rispetto alla volatilità storica, significherebbe che Vega è sopra la media. Questo sarebbe un segnale di vendita per l'opzione. Ma ad essere onesti, la maggior parte del trading di opzioni non va così in profondità. Prendi le tue decisioni di acquisto e vendita in base al fatto che sia redditizio o meno.

In pratica, va considerato che se Vega scende, di conseguenza i prezzi delle opzioni scenderanno. Quando Vega sale, aumenta anche il prezzo delle opzioni.

Rho

L'ultimo Greek che vedremo in termini di opzioni si chiama Rho. Questo misura la sensibilità in un'alternativa alle variazioni dei tassi di interesse. Quando apri un calcolatore di opzioni, scoprirai che contiene quello che è noto come valore di interesse sicuro (o "privo di rischio"). Questo è il tasso di interesse che otterresti sull'investimento più sicuro possibile. Generalmente, quando il tasso di interesse aumenta, i prezzi delle opzioni call aumentano. D'altra parte, un aumento del tasso di interesse significherebbe una diminuzione del valore delle opzioni put. Ciò significa che Rho è positivo per le opzioni call e negativo per le opzioni put.

Poiché i tassi di interesse cambiano bruscamente solo quando la Fed fa un annuncio trimestrale, non importa quando operare in trading di opzioni. Ricorda che ci vorranno mesi prima che i tassi di interesse cambino (se presenti), ma la maggior parte delle opzioni sono investimenti a breve termine che durano solo poche settimane. In generale, i trader di opzioni non se ne staranno in giro a preoccuparsi di Rho. L'unica volta che lo faranno sarà nel caso di un LEAP o di un'opzione a lungo termine. Anche allora, potrebbe non avere importanza poiché le variazioni dei tassi di interesse sono relativamente piccole durante questi giorni.

Le regole utilizzate nel trading di opzioni

Quali linee guida devono essere osservate quando si fa trading di opzioni? Quali sono le regole? Queste sono domande essenziali a cui i nuovi trader dovrebbero essere in grado di rispondere correttamente. Esamineremo le regole che dovresti seguire quando fai trading di opzioni. Alla fine di questo argomento, avrai le conoscenze necessarie per fare trading in modo efficiente. Queste regole aprono gli occhi per un nuovo aspirante trader, mentre per un trader esperto di opzioni servono come promemoria. Non sono una guida per diventare ricchi e le regole ti aiuteranno a evitare problemi, aumentare il tuo capitale e fare soldi con le opzioni.

Ecco alcune delle regole per il trading di opzioni:

- Fai trading con posizioni corte.
- Quando si entra nel mercato, è ovvio presumere il peggio.
- Ha senso solo fare operazioni più piccole ed evitare operazioni di grandi dimensioni per ridurre il rischio di perdere una parte significativa del denaro investito.
- Il miglior consiglio è di prendere molte piccole posizioni perché se prendi solo una grande posizione, corri il rischio di essere eliminato rapidamente in caso di perdita.
- Circa il 90% dei trader di opzioni fallisce perché scambiano posizioni di grandi dimensioni.
- Il trading superiore al 5% è considerato un'ottima posizione ma si rischia di danneggiare i propri conti con una brutta perdita.
- Non essere emotivo. Al mercato non interessa quello che pensi.
- Un modo per avere successo nel trading è non essere emotivi.

- Non lasciare che le tue emozioni, opinioni o pensieri nel mercato ti guidino.
- Avere un numero elevato di scambi. Se conosci la tua percentuale di successo stimata, farai molti scambi: maggiore è il numero di scambi, maggiori sono le possibilità di recuperare quella percentuale prevista.
- Il trading di opzioni è un gioco di numeri e matematica e puoi individuare le tue possibilità di successo in una particolare posizione.
- Puoi vedere la tua percentuale di successo.
- Tuttavia, questo può essere il motivo per cui il tuo fallimento ha le stesse aspettative in tutte le tue operazioni.
- Maggiore è il numero di scambi, più costante sarà la percentuale di successo.
- Bilancia il tuo portafoglio.

- Puoi scommettere sulla direzione del prezzo mentre sale o scende quando investi nel trading di opzioni.
- I trader si concentrano in genere sull'aumento del valore dell'investimento.
- Tuttavia, sarebbe meglio se imparassi a compensare il tuo portafoglio con posizioni in ribasso.
- Agisci in base al tuo livello di comfort.
- Se non ti piace fare trading con le opzioni nude o le posizioni con copertura ti stanno dando notti insonni, allora dovresti agire come uno speculatore d'opinione e agire di conseguenza.
- Una volta che sarai in sintonia con le tue strategie, scoprirai che è molto più facile fare soldi.
- Ogni strategia è unica e individuale e potrebbe non funzionare per tutti i trader. In questo modo riduci il rischio.
- Usa sempre un modello.

- La mancata verifica del valore equo dell'opzione prima di venderla o acquistarla è uno dei più grandi errori commessi dai trader di opzioni. Questo può essere cruciale, soprattutto se non si dispone di un quadro di valutazione accurato in tempo reale. Queste sono le fondamenta degli investimenti strategici e considera le occasioni e l'importo che stai pagando per l'opzione.
- Avere abbastanza contanti in riserva.
- Devi avere la maggior parte del tuo investimento in contanti. Questo può essere utile per i broker in quanto necessitano di un requisito di margine durante il trading. Dividi l'importo per coprire eventuali perdite nella tua posizione.
- Cerca di mantenere circa il 50-60% del tuo portafoglio di investimenti in contanti.

- Riduci commissioni e costi. Se paghi commissioni per bilanciare il tuo portafoglio, potresti rimanere paralizzato.
- Un modo per ridurre il tasso di commissione è utilizzare ETF economici. Ma per cominciare, non dovresti pagare alcuna commissione per investire in azioni.

Le chiamate coperte sono per una posizione lunga

Per creare una chiamata coperta, è necessario possedere almeno 100 azioni di un titolo sottostante. Quando effettui una chiamata, offri ai potenziali acquirenti l'opportunità di acquistare queste azioni da te. Ovviamente, la strategia è che vendi solo per alti profitti, ma il tuo vero obiettivo è ottenere un flusso di entrate costante.

La ricompensa è una tariffa una tantum non rimborsabile. Se un acquirente acquista la tua opzione di chiamata e ti paga il premio, quel denaro è tuo. Qualunque cosa accada dopo, hai ottenuto un guadagno. Se il titolo non raggiunge il prezzo di esercizio, il contratto scade e puoi creare una nuova opzione call sullo stesso titolo sottostante. Se il prezzo delle azioni supera il prezzo di esercizio, l'acquirente del contratto probabilmente eserciterà il proprio diritto di acquistare le azioni. Guadagnerai comunque con lo scambio, ma il rischio è che rinunci al potenziale di fare soldi che si sarebbero potuti guadagnare con lo scambio.

Ad esempio, operando con un'opzione call coperta con un prezzo di esercizio di € 67. Diciamo che il titolo sale a € 90 per azione per qualche motivo imprevisto. L'acquirente della tua opzione call può acquistare le azioni da te per € 67. Quindi, hai guadagnato € 2 per azione. Tuttavia, hai perso l'opportunità di vendere le azioni per € 35 per azione. Invece, l'investitore che ha acquistato l'opzione call da te si volta e vende le azioni sui mercati al prezzo spot effettivo e ne raccoglie i benefici. Tuttavia, non hai perso nulla. Hai guadagnato il premio e venduto le tue azioni per un modesto profitto.

Il rischio, che le azioni saliranno a un prezzo molto più alto del prezzo di esercizio c'è sempre, ma se fai i compiti offrirai azioni che non ti aspetti cambino in modo significativo di prezzo rispetto alla durata di la tua chiamata. Invece, diciamo che il prezzo sale solo a € 68. Il prezzo ha superato il quello di esercizio in modo che l'acquirente possa avvalersi della sua opzione. In tal caso, ti stai ancora perdendo una vincita che altrimenti avresti potuto ottenere, ma è una piccola somma e non prendiamo in considerazione per quanto riguarda il premio.

Se il prezzo delle azioni non supera il prezzo di esercizio per durata di contratto, puoi trattenere il premio e detenere le azioni. Il prezzo è tuo, non importa cosa succeda.

Nel mondo reale, una chiamata nascosta è una situazione vantaggiosa per tutti nella maggior parte dei casi.

Le chiamate coperte sono una strategia neutrale

Una chiamata coperta è chiamata strategia "neutra". Gli investitori creano call coperte per azioni nel loro portafoglio che si aspettano di vedere pochi movimenti durante il periodo del contratto. Inoltre, gli investitori trarranno vantaggio dalle call coperte sui crediti che dovrebbero mantenere a lungo termine. In questo modo, puoi guadagnare sulle azioni durante un periodo in cui l'investitore si aspetta che non cambino molto di prezzo e quindi non ha alcun potenziale di profitto dalla vendita.

Un esempio di chiamata coperta

Supponiamo che tu possieda 100 azioni di Acme Communications. Il prezzo è attualmente scambiato a € 40 per azione. Nessuno si aspetta che il titolo abbia movimenti frequenti nei prossimi mesi, ma come investitore, ritieni che Acme Communications abbia un significativo potenziale di crescita a lungo termine. Per guadagnare, vendi un'opzione call su Acme Communications con un prezzo di esercizio di € 43. Diciamo che il premio è di € 0,78 e l'opzione call dura tre mesi.

Per 100 azioni, riceverai un totale di 0,78 x 100 = € 78 come premio. Non importa cosa, intascerai i € 78.

Supponiamo ora che il prezzo delle azioni scenda leggermente nei prossimi tre mesi in modo che non si avvicini mai al prezzo di esercizio e che alla fine del periodo di tre mesi venga scambiato a € 39 per azione.

Il contratto di opzione può scadere e perdere valore. L'acquirente del contratto di opzione rimane a mani vuote. C'è una situazione vantaggiosa per tutti. Hai guadagnato € 78 in più per 100 azioni e continuerai a possedere le tue azioni alla fine del contratto.

Supponiamo ora che il titolo acquisisca un certo valore. Nel tempo cambia a € 42 e poi a € 42,75, ma poi scende a € 41,80 quando il contratto di opzione scade. In questo scenario, ti trovi in una posizione molto migliore. In questo caso, il prezzo di esercizio di 43 EUR non è mai stato raggiunto, quindi l'acquirente dell'opzione call è di nuovo lasciato all'oscuro. D'altra parte, mantieni il premio di € 78 e puoi ancora mantenere le azioni. Questa volta le azioni vengono valorizzate; stai molto meglio di prima. Quindi, è una vittoria per TE, anche se una situazione triste per la povera anima che ha acquistato la tua chiamata.

Sfortunatamente, esiste un'altra possibilità che il prezzo delle azioni possa superare il prezzo di esercizio prima della scadenza del contratto. In tal caso, è necessario vendere le azioni. Tuttavia, sei ancora in una posizione che non è poi così male. Non hai perso soldi veri, ma hai perso un potenziale profitto. Continuerai a ricevere il premio di € 78 più il guadagno derivante dalla vendita delle 100 azioni al prezzo di esercizio di € 43.

Una chiamata coperta è quasi una situazione priva di rischi poiché non perdi mai denaro, anche se perdi un'opportunità quando il prezzo delle azioni sale. Puoi ridurre al minimo questo rischio scegliendo attentamente le azioni che utilizzi per un'opzione call coperta. Ad esempio, se possiedi azioni in una società farmaceutica che afferma di annunciare una cura per il cancro in due mesi, probabilmente non vorrai utilizzare quelle azioni per una operazione personale. Una società che ha prospettive a lungo termine è una scelta migliore.

Come creare una chiamata coperta?

Per creare una chiamata coperta, devi possedere 100 azioni. Anche per non rischiare un titolo che probabilmente decollerà nel prossimo futuro. C'è sempre qualcuno pronto a comprare qualcosa al giusto prezzo. Ma dovresti operare con un'azione decente in modo da poter guadagnare un premio decente.

Per prima cosa vai online con la tua agenzia di brokeraggio e cerca azioni online. Quando si cercano azioni online, è possibile visualizzare la loro "catena di opzioni", che fornisce informazioni sui premi disponibili per il recupero di tali azioni. Puoi vederli sotto il prezzo dell'offerta. Il prezzo di offerta è per azione, ma un contratto call comprende 100 azioni. Se il prezzo dell'offerta è € 1,75, in realtà stai ricevendo € 1,75 x € 100 = € 175.

Una nota importante è che più ci si allontana dalla data di scadenza, maggiore è il premio. Una buona regola è scegliere tra due e tre mesi dalla data corrente. Ricorda che più a lungo vai, maggiore è il rischio, poiché ciò aumenta la probabilità che il prezzo delle azioni superi il prezzo di esercizio e finirai per dover vendere le azioni.

Hai un'opzione (senza giochi di parole) con il prezzo che vuoi calcolare. In teoria, puoi impostare qualsiasi prezzo desideri.

Naturalmente, un acquirente deve essere disposto a pagare quel prezzo effettivamente per fare soldi. Una strategia più sensata è quella di esaminare i prezzi attualmente richiesti per le opzioni call su quel titolo. Puoi farlo controllando il prezzo richiesto per le opzioni call sul titolo. Puoi anche vedere i prezzi che gli acquirenti stanno attualmente offrendo guardando le tariffe di offerta. Per una vendita immediata, puoi impostare la tua tariffa su un prezzo di offerta già disponibile. Altrimenti puoi effettuare l'ordine e aspettare che qualcuno arrivi per acquistare la tua opzione di chiamata a prezzo speciale.

Per vendere una chiamata coperta, scegli di vendere all'apertura.

Vantaggi delle chiamate coperte

- Una chiamata coperta è un'opzione a rischio relativamente basso.

- Lo scenario peggiore possibile è che hai esaurito le scorte ma stai realizzando un piccolo profitto, meno profitto di quanto avresti potuto ottenere se non avessi redatto il contratto di vendita e appena venduto le tue azioni. Tuttavia, ricevi anche un premio.
- Con una chiamata coperta, puoi generare entrate dal tuo portafoglio sotto forma di premi.
- Se non ti aspetti un movimento del prezzo delle azioni a breve termine e desideri mantenerlo a lungo termine, questa è una strategia sensata per generare reddito senza correre molti rischi.

Rischi delle chiamate coperte

Le chiamate coperte possono rappresentare un rischio se sei troppo ottimista sulle azioni e se le tue aspettative sono soddisfatte e i prezzi salgono. In questo caso, potresti aver scambiato una piccola quantità di reddito premio per un limite di prezzo di esercizio volontario contro il potenziale trend rialzista che avresti potuto ottenere se avessi appena detenuto il titolo e venduto a prezzo elevato.

Se il prezzo delle azioni scende mentre stai ancora ricevendo la ricompensa, l'azione perde valore a meno che non si riprenda a lungo termine. Sarebbe utile se non utilizzassi un'opzione call su azioni che ti aspetti di vedere in forte calo nei prossimi mesi. In tal caso, invece di fare una chiamata coperta, vendi la negoziazione e accetta la perdita. In alternativa, puoi continuare a tenere le azioni per vedere se si ritorcono contro a lungo termine.

Costruisci un buffer per te stesso

Un investimento non è mai privo di rischi. Investire senza rischi non paga. Costa solo denaro. Per non mettere a repentaglio la tua sana situazione finanziaria, metti da parte dei soldi in anticipo. Di solito presumiamo che sei mesi di costi fissi siano sufficienti per compensare i momenti peggiori. Se ci sono opportunità incredibili nei mercati finanziari, puoi comunque utilizzare parte di questo capitale per partecipare. Considera se queste opzioni sono degne del tuo buffer.

Limita le tue perdite e accumula le tue vincite

Ogni investitore lo sperimenta a volte. Puoi avere una quota eccezionale del tuo portafoglio e può aumentare ogni settimana.

E all'improvviso, c'è un punto di svolta, hai speranza di ripresa, ma il declino continua finché non arrivi a un punto in cui puoi prendere decisioni. Se non sei pronto per fare un giro sulle montagne russe, sii saggio. Il tuo investimento sta raddoppiando? Quindi, vendine metà e assicurati l'operazione effettuata. Quando acquisti un'azione, puoi lavorare con un ordine stop-loss. Una percentuale del 20 percento è tipica.

Ciò significa una vendita automatica quando il limite di perdita accettabile è stato superato. Limita le tue perdite e ti consente di utilizzare il tuo nuovo capitale da investire in quello che si spera sarà un business di maggior successo. Non esiste una strategia perfetta, in quanto potresti dover tenere d'occhio le azioni per recuperarle dopo la vendita. Un sistema che aiuterà gli investitori a dormire la notte.

Osserva il quadro finanziario generale

Realizzare un profitto su un investimento è una sensazione piacevole. Ma gli investimenti non sono solamente operazioni. Investire fa parte della tua vita finanziaria. Molti gestori patrimoniali danno ai propri clienti consigli saggi: è necessario gestire la contabilità come azienda.

Ciò può significare che il rapporto debito / PIL deve essere monitorato in modo appropriato. Ad esempio, alcuni investitori cercano di contrastare un investimento più piccolo con un investimento più robusto (e spesso più rischioso), sperando di sopperire a un malinteso con un jackpot assoluto. Con questo, ovviamente, stai correndo un rischio ancora maggiore, e non necessario, perché potrebbe avere ripercussioni. Cercare di risolvere questo malinteso creando un fondo di emergenza sarebbe senza dubbio un approccio più affidabile al problema. In questo modo, realizzi una soluzione sostenibile e impari da un errore correggendolo. È particolarmente importante disporre di solide basi finanziarie prima di avventurarsi nel mercato azionario. Ogni altro aspetto di questa contabilità finanziaria personale deve essere perfetto.

Sentiti a tuo agio con il tuo investimento

Molte persone che investono oggi sono cresciute con una concezione del tempo diversa. Trent'anni fa, era di moda ottenere il maggior ritorno possibile. Grazie a Internet, il calo delle pensioni e i cambiamenti nel panorama bancario le cose sono cambiate molto nel corso del tempo. Gli investimenti moderni si concentrano principalmente sul rischio e non più sul rendimento. La maggior parte delle persone che investono con una rendita aggiuntiva si concentra sull'evitare le perdite piuttosto che sul realizzare grandi profitti. Quindi, la tua speranza non dovrebbe essere quella di diventare ricco, ma di avere abbastanza capitale in vecchiaia per sopravvivere.

La Borsa non è un casinò

Chiunque giochi a poker sa che "all-in" vuol dire puntare tutto. Mettere tutti i tuoi soldi in una partita nella speranza di sopravvivere o vincere il jackpot. Non fare affidamento su questa opportunità quando parli di mercato azionario. Scommettere tutti i tuoi soldi su una singola azione non è mai una buona idea. Anche i trader di borsa più esperti diversificano i loro portafogli per ridurre al minimo le perdite. Di recente ci sono state molte interessanti IPO. Sebbene l'attrazione per gli investitori sia molto alta, la maggior parte di loro è consapevole che questa non è la scelta migliore. I principianti sono spesso accecati dall'atmosfera, dagli applausi e dall'influenza degli altri. Pertanto, assicurati sempre di non giocare con i soldi. Investi per uno scopo specifico.

Investire non è un hobby

Non fraintendermi: investire può essere incredibilmente divertente, ma non puoi vederlo come un hobby senza impegno. Le grandi banche vedono l'investimento come un'attività molto competitiva. Questo è il motivo per cui è meglio guardare il tuo portfolio con gli occhi di un professionista. È fondamentale avere una buona conoscenza del tuo portafoglio e capire da dove provengono i tuoi profitti, ma anche le tue perdite. Devi anche conoscere le società in cui stai investendo. Una volta completato l'intero processo, tutto diventa molto più semplice. "Questo investimento mi sta facendo guadagnare denaro, o sta generando solo perdite?" Non sempre è una domanda ovvia.

I principianti spesso investono in azioni che trovano interessanti: la motivazione sbagliata, spesso con risultati falsi. All'inizio investire può essere molto simile al gioco d'azzardo e molti principianti vogliono capire come funziona il mercato azionario. Presto vedrai i movimenti dei principali indici, ma il vero lavoro non inizia finché non prendi sul serio gli investimenti. Benjamin Graham lo disse alcuni decenni fa: "Fai investimenti intelligenti solo se lo vedi come un business". I gestori di fondi, gli analisti, i trader e altri esperti nei centri finanziari prendono molto sul serio il trading di azioni e quindi fanno meglio ad accettare la sfida.

Risorse finanziarie

Prima di iniziare a investire, dovresti essere meglio informato sugli sviluppi economici e sulle prospettive, i mercati e le azioni che ti interessano. Non devi guardare lontano: leggi il giornale tutti i giorni. Riviste finanziarie come De Tijd, Financial Times e Wall Street Journal possono aiutarti a tenere il passo con gli argomenti che contano di più. Puoi anche visitare siti web finanziari come Yahoo Finance. Gli investitori professionali utilizzano anche conti per servizi come Bloomberg e Reuters. Poiché tutti stanno imparando le stesse cose allo stesso tempo, questi potrebbero non essere i luoghi adatti. Tuttavia, non sforzarti troppo di seguire le orme degli esperti. Alcuni degli investitori più famosi, come Peter Lynch, hanno suggerito che gli indizi della vita quotidiana potrebbero fornire più ispirazione.

Costruisci un modello strategico per la spesa quotidiana

Ad esempio, Lynch ha "utilizzato" le abitudini di acquisto di sua moglie per analizzare quali marchi hanno guadagnato popolarità. Secondo Lynch, i trader e gli operatori di borsa hanno trascorso troppo tempo in una bolla artificiale. Le opinioni di Peter Lynch non sono superate. Nel 2012, un idiota finanziario ha messo alla prova la teoria e improvvisamente è riuscito a guadagnare € 2 milioni in un problematico periodo di scambio di € 20.000. Tutt'altro che un trucco interessante.

Secondo investitori principianti, ci sono state tendenze chiare nei modelli di spesa di donne, giovani e con redditi bassi. Alcune persone hanno investito in azioni che chiunque poteva possedere e hanno osservato le tendenze di mercato prima che i banchieri le vedessero e realizzassero profitti significativi.

Come puoi monitorare il tuo portafoglio azionario?

Se decidi di investire in azioni, la creazione di un piano di investimenti è il primo passo. Tuttavia, una volta che hai messo insieme il tuo portafoglio di azioni, non sei pronto. È altrettanto importante monitorare il tuo portafoglio di azioni per vedere se sta ancora raggiungendo i tuoi obiettivi originali. Ad alcuni investitori piace controllare quotidianamente lo stato dei propri investimenti. Tuttavia, per molti altri, questo non è consigliabile o necessario. In altre parole, il monitoraggio del tuo portafoglio azionario dipenderà sia dai tipi di investimenti nel tuo portafoglio che dal tipo di investitore che sei.

Monitorare le condivisioni

In un momento in cui non hai investito in fondi ma in singole azioni di tua scelta, è interessante monitorarli continuamente. L'obiettivo più importante è verificare se una fornitura soddisfa ancora i criteri originali. In quasi tutti i casi, ciò dipende fortemente dalla stima delle aspettative future per la società sottostante o dalla stima del mercato azionario. Molte di queste stime si basano sui guadagni dell'azienda. È necessario monitorare i cambiamenti che influiscono sul reddito.

Giornali, comunicati stampa e rapporti

Controlla le notizie e gli annunci finanziari per le tue azioni giornalmente, settimanalmente o mensilmente. Ciò include nuovi prodotti, cambiamenti nella gestione o informazioni sui concorrenti. Quando gli analisti riportano le tue azioni, è saggio leggerle sempre immediatamente poiché possono essere di grande importanza per l'opinione di mercato.

Fonti di notizie online

Molti broker ti consentono di monitorare il tuo portafoglio di azioni online. In alcuni casi, c'è anche un collegamento diretto a notizie e ricerche di borsa pertinenti. In questo modo, non solo puoi vedere come sta andando il tuo portafoglio a colpo d'occhio, ma ti offre anche una panoramica delle fonti di notizie rilevanti che possono influenzare il prezzo. Molti broker offrono anche la possibilità di ricevere notifiche via e-mail o SMS quando si verificano determinati sviluppi del mercato. Il tuo broker non ha questa opzione? Successivamente, riceverai un gran numero di fonti di notizie pertinenti. Puoi ottenere informazioni in tempo reale tramite i tuoi siti web di intermediazione e finanziari come Yahoo Finance, Morningstar e Bloomberg. Poiché il mercato azionario reagisce anche agli sviluppi in tempo reale, puoi utilizzare queste informazioni per rispondere rapidamente agli sviluppi e massimizzare i tuoi rendimenti.

Svolgimento

La prima tappa da stabilire è la long club leg. Come il covered call, è un generatore di reddito che viene inserito pensando che aumenterà di valore. La seconda fase è la married put. Una put sposata è una put che copre il tuo svantaggio. Pensa a questo come a un ordine di stop loss. La tua perdita massima è limitata a questo livello. La put viene acquistata a un prezzo out-of-the-money (che è inferiore al livello di mercato corrente) e ad un prezzo che corrisponde al limite di rischio massimo per quella posizione. Quindi, se pensi di voler rischiare una mossa di soli 5 punti, la put verrà acquistata a quel prezzo.

Infine, devi eseguire una chiamata out-of-the-money proprio come hai fatto con il mercato coperto. La tua posizione lunga copre questa chiamata. Assicurati di eseguire la tua posizione esattamente in questo ordine in modo da ridurre al minimo il rischio. Analizziamo gli scenari per questo scambio.

Se il tuo titolo scende di valore, la put sottostante limiterà la tua perdita massima. Una volta che il titolo scende al di sotto del prezzo di esercizio della put e quindi confluisce in denaro, quella gamba realizzerà un profitto indipendentemente da quanto sia basso il prezzo dell'azione. Se vuoi uscire, vendi le tue azioni e puoi vendere la tua put, che potrebbe essere aumentata di valore.

In alternativa, se il titolo guadagna valore ma non raggiunge il prezzo di esercizio della tua call prima della scadenza, guadagnerai il premio e la plusvalenza, ma non l'importo pagato per acquistare la put. Se l'azione raggiunge il prezzo di esercizio della call, questo è il massimo profitto possibile sul prezzo dell'azione e devi venderela al prezzo di esercizio di mercato.

In questo caso, guadagnerai nuovamente le plusvalenze sul segmento long share e il premio sul segmento covered call, ma non sarà il premio pagato per acquistare la put. Esistono anche scenari alternativi.

Diciamo che il valore delle azioni sta scendendo, ma non sei sicuro che sia una cosa a lungo termine. Penserai che sia un bug passeggero. Quindi che si fa? Dovresti lasciare tutte e tre le posizioni? Bene, è qui che entra in gioco la decisione di aggiustare il tuo trade. Puoi reimpostare il collar a prezzi diversi, cioè cambiare i prezzi di esercizio di call e put, oppure puoi uscire completamente.

L'analisi tecnica dovrebbe svolgere un ruolo fondamentale nella tua decisione. Per ora, ricorda che il collar è una strategia meravigliosamente flessibile e puoi fare soldi apportando aggiustamenti anche se il commercio è contro di te o se accade qualcosa di inaspettato. Ora diamo un'occhiata a un esempio di un numero reale per vedere come funziona il tutto.

Rettifiche

Quindi, hai fatto un collar e il premio scende immediatamente, portando la tua scommessa in contanti. E adesso? Hai immaginato di mantenere la posizione per almeno un mese, ma qui sei stato nel trading da meno di un giorno e hai la prospettiva di raggiungere la tua massima perdita.

Innanzitutto, devi valutare se le tue ipotesi tecniche sono ancora valide. Di solito, quando la tua analisi tecnica sembra perfetta, ci sono alcuni eventi reali che hai trascurato. Il tuo titolo dipende dal mercato obbligazionario a tua insaputa? Ricontrolla le tue ipotesi e verifica che la logica di input sia ancora valida. In caso contrario, accetta la perdita e vai avanti. Calcola le tasse per fare trading.

A proposito, aspettati di farlo spesso quando inizi. Il trading non è un compito facile, ed è per questo che dovresti fare tanti errori nella simulazione per non entrare in un conto live e sabotarti.

Supponendo che le tue conclusioni iniziali siano ancora valide, questo potrebbe essere un rallentamento temporaneo per scuotere i long trader più deboli. In questi casi, puoi provare a ripristinare il collar. Per prima cosa, vendi la tua posizione put e determina quale livello è migliore per rientrare. Se vendi la tua put, guadagnerai in quel campo come se si fosse trasformata in denaro. È così che puoi beneficiare della temporanea flessione del mercato.

Quando si determina un livello di put secondario, si deve considerare il rischio medio. Ricorda, non stai vendendo la tua posizione lunga, quindi l'importo medio a rischio per operazione è ancora basato sui livelli di put iniziali. Il profitto che realizzi vendendo la put aumenterà il saldo del tuo conto. Tienilo in considerazione e determina un livello che corrisponda al tuo nuovo rischio per importo di scambio.

Ad esempio, se guadagni € 450 vendendo la put, aggiungila al tuo saldo iniziale. Il saldo del tuo nuovo account è ora x + 450, dove x è il saldo dell'account originale. Diciamo che il tuo livello di put iniziale era di 5 punti e la dimensione della tua posizione è di dieci azioni.

Dato l'aumento del saldo del conto e la dimensione della posizione esistente, come dovrebbe essere il nuovo livello di put in modo che il rischio per operazione rimanga simile? Bene, questa è semplice aritmetica. Dividi il tuo nuovo rischio per transazione per la dimensione della posizione in modo da trovare lo stop loss o la distanza dal prezzo di esercizio put.

Una volta che l'input secondario è a posto, la prossima cosa da considerare è se vuoi lasciare la chiamata disattivata. Se chiudi questa parte della transazione, otterrai comunque un profitto poiché il prezzo della chiamata sarebbe diminuito. Quindi puoi coprire la tua posizione riacquistandola a un prezzo inferiore.

Forex e opzioni

Il trading Forex, spesso indicato come cambio di valuta, è un mercato finanziario in cui chiunque può facilmente scambiare valute nazionali o internazionali per specifici importi di profitto. Forse alcune persone credono che il dollaro USA sarà più robusto rispetto alla sterlina britannica o all'euro. Puoi trovare rapidamente una strategia per influenzare questa forma di trading e, se la tua ricerca si rivela corretta, puoi realizzare molti profitti.

Nel caso del trading di opzioni, acquisti e vendi opzioni su futures, azioni, ecc. Puoi investire determinando se il prezzo aumenterà o diminuirà in un certo periodo. Come con il trading Forex, puoi facilmente utilizzare il tuo potere d'acquisto, ad esempio, per controllare un numero maggiore di azioni o azioni future che potresti avere in generale. Tuttavia, ci sono alcune differenze tra il trading di opzioni e il forex trading, che vengono descritte di seguito.

Trading 24 ore su 24

Un vantaggio che puoi ottenere nel trading forex rispetto al trading di opzioni è che puoi fare trading 24 ore al giorno, cinque giorni alla settimana, se ne hai voglia. Il mercato forex è generalmente aperto più a lungo di qualsiasi altro mercato di trading. Se il tuo obiettivo è realizzare profitti a dopiia cifra sul mercato, avere tempo illimitato ogni settimana per completare tutte queste operazioni è un'ottima cosa. Ogni volta che si verifica una qualsiasi forma di evento significativo in qualsiasi parte del mondo, puoi emergere come la prima persona a sfruttare appieno questa situazione nel trading forex. Non devi aspettare molto prima che il mercato si apra al mattino come farebbe nel trading di opzioni. Puoi fare trading direttamente dal tuo PC in qualsiasi momento della giornata.

Esecuzione rapida degli scambi

Il sistema di trading Forex ti consente di ottenere esecuzioni di trading istantanee. Non sarai esposto a ritardi, come nel caso del trading di opzioni o di altre forme di mercato. Il tuo ordine verrà evaso al miglior prezzo possibile invece di limitarti a indovinare il prezzo a cui dovresti evadere l'ordine. L'ordine di tua scelta non si limiterà a scorrere, cosa che può accadere quando fai trading di opzioni. Nel forex trading, il tasso di liquidità è molto più essenziale per affrontare lo slippage che si verifica quando si fa trading di opzioni.

Disponibilità Liquide

Il trading Forex ha generalmente il vantaggio aggiuntivo di avere più liquidità rispetto a qualsiasi altro mercato di trading che include il trading di opzioni. Non c'è confronto tra il forex trading con un volume di mercato medio giornaliero di circa 2 trilioni. Il tasso di liquidità del forex trading può leggermente superare quello del trading di opzioni. In termini semplici, quando si tratta di trading, le negoziazioni forex vengono completate molto rapidamente rispetto al trading di opzioni. Questo indica anche un tasso di vincita più alto. Quando lo combini con l'esecuzione istantanea di scambi Forex, puoi iniziare ad operare molto rapidamente.

Nessuna commissione

Il Forex o il trading in valuta estera è generalmente privo di commissioni. Ciò è principalmente dovuto al fatto che, nel forex trading, tutto avviene tra le banche. In breve, nel forex trading, il mercato è interbancario. Quindi, non vi è alcuna prova di intermediazione o commissione di agente, come nel caso degli altri tipi di esigenze. C'è una grande differenza tra il prezzo richiesto e l'offerta. È qui che le società di trading forex tendono a ottenere alcuni dei loro profitti. Quando fai trading di opzioni, devi pagare le commissioni di intermediazione, sia che tu voglia acquistare o vendere. Quindi, fare trading sui mercati forex rispetto ai mercati del trading di opzioni può farti risparmiare un sacco di soldi in quanto non ci sono commissioni.

Più leva finanziaria

Nel forex trading, puoi ottenere più leva rispetto al trading di opzioni. Tuttavia, il trading di opzioni consente anche di gestire le chiamate e utilizzare le opzioni in modi che aumentano notevolmente la potenza. L'influenza può essere significativa quando sai cosa farà una valuta. Nel trading Forex, è possibile raggiungere 200:1 o anche di più rispetto al trading di opzioni. Quindi, si può dire che puoi guadagnare di più con il trading forex se viene fatta la mossa giusta.

È garantito un tipo di rischio limitato

Poiché i commercianti di forex devono avere limiti di posizione, anche il rischio è limitato poiché le capacità del sistema di trading di forex possono avviare automaticamente una richiesta di margine se il suo importo è molto più alto del valore del conto in euro. Questo aiuta i trader di forex a non perdere così tanto se, per caso, la loro posizione tende ad andare dall'altra parte. È un'ottima funzionalità di sicurezza che non è sempre disponibile in altri mercati finanziari. In che modo le opzioni sono diverse dal Forex sotto questo aspetto? Per quanto riguarda le opzioni, puoi avere solo un tempo limitato per fare trading immediatamente prima della scadenza delle stesse.

Azioni e opzioni

Se vuoi essere un investitore di successo, devi prima comprendere correttamente le varie opportunità di investimento. La maggior parte delle persone consente ai propri consulenti di investimento a prendere decisioni per loro conto. Le opzioni e le azioni sono due dei mercati di investimento più comuni quando si tratta di opportunità di mercato. Entrambi sono effettivamente scambiati in modo simile, ma c'è ancora una differenza tra i due. La quota è uno strumento di finanziamento. Mostra la proprietà di un'azienda e aiuta anche a identificare una corretta pretesa per i profitti e le risorse dell'azienda. In termini semplici, se possiedi le azioni di una determinata società, ne possiedi una parte proporzionale al numero totale di azioni che la società possiede. Ad esempio, se possiedi circa 100 azioni di una società che ammonta a 1000 azioni, possiedi il 10% di quella società.

Come già sapete, le opzioni sono contratti per vendere o acquistare un'attività a un prezzo fisso ed entro un tempo prestabilito. A differenza delle azioni, i contratti di opzione non ti danno la proprietà diretta di una società, ma piuttosto il diritto di vendere e acquistare un gran numero di azioni della società stessa.

Profitti con leva finanziaria

I titolari di contratti di opzione possono sfruttare appieno la leva dei profitti. Ad esempio, se il prezzo di un'azione aumenta dell'uno percento, è molto probabile che il costo delle opzioni aumenti del dieci percento. Pertanto, si può affermare che il profitto delle opzioni, in questo caso, è dieci volte superiore al prezzo delle azioni.

Vantaggi dell'analisi fondamentale del trading

L'analisi fondamentale è uno dei modi per negoziare strumenti finanziari, sebbene non molti ne abbiano familiarità. Comprendere il processo di trading attraverso questo tipo di ricerca può aiutarti a ridurre il rischio di perdita.

A questo punto, elencheremo alcuni dei vantaggi delle basi del trading, tra cui:

Non scambierai troppo sull'analisi fondamentale poiché sarai online per fare trading quando ci sono notizie ad alto impatto.

Nell'analisi fondamentale, c'è uno scopo per ogni operazione che ti consente di prendere le decisioni giuste.

Le notizie provocano un'elevata volatilità nel mercato, che ti dà un'alta probabilità di trovare la giusta direzione per il tuo scambio quando il contratto scade.

Ti prepari a fare trading perché sai quando il mercato si muoverà.

Le basi possono aiutarti a farti un'idea di dove sta andando il mercato attraverso l'analisi dei più esperti.

Gli svantaggi dell'utilizzo dell'analisi fondamentale includono:

Sarebbe utile se avessi una profonda comprensione di come il mercato reagisce alle notizie fondamentali per negoziare opzioni e realizzare profitti.

I messaggi possono essere molto imprevedibili e possono spostarsi in qualsiasi direzione con una modifica minima dei dati.

È difficile per un principiante fare trading sui fondamentali.

Puoi passare giorni senza operare online.

Preparati per lo strangolamento

Uno strangle è un'operazione in cui si acquista un'opzione call e un'opzione put allo stesso tempo. Si tratta di opzioni sullo stesso titolo con un termine fisso simile ma con un prezzo fisso diverso. Quando imposti qualcosa chiamato strangolamento, il tuo obiettivo è creare un'area o un confine attorno al prezzo corrente delle azioni. In questo modo, speri che il prezzo delle azioni superi il limite. In tal caso, acquista entrambe le opzioni. Quindi, il rischio reale è il costo totale di acquisto di entrambe le opzioni.

Supponiamo che il prezzo delle azioni sia compreso tra € 98 e € 100. Puoi impostare uno strangle acquistando un'opzione call con un prezzo di esercizio di € 105 e un'opzione put con un prezzo di esercizio di € 95. Se il prezzo delle azioni rimanesse tra € 95 e € 105, avresti una perdita. La perdita sarebbe maggiore se mantenessi sempre la stessa strategia. Potresti ridurre le tue perdite vendendo la posizione in anticipo se trovassi un acquirente.

Il massimo guadagno dal lato positivo dello strangolamento è teoricamente illimitato. Se il valore di mercato rimane al di sopra del prezzo impostato utilizzato per acquistare un'opzione call nello scambio, più il costo dell'opzione call, realizzi un profitto. E se in linea di principio continua a superare il prezzo di esercizio, otterrai maggiori profitti. Il tuo rendimento sarà ridotto al costo totale di acquisto delle due opzioni.

Al contrario, otterrai un profitto su una put se il valore di mercato scende al di sotto del prezzo impostato meno il prezzo pagato per esso. Questo sarebbe il prezzo di pareggio per l'opzione put.

Se si verifica un massiccio movimento di prezzo dopo la chiamata di profitto, questo tipo di configurazione garantisce che i guadagni vengano realizzati indipendentemente dalla direzione in cui si muove il titolo. La chiave per costruire il commercio è scegliere i giusti prezzi di esercizio. Quanto più significativa è la differenza tra i prezzi di esercizio, tanto minore sarà il costo totale di ingresso nell'attività. Tuttavia, c'è una minore possibilità di vincere perché una fascia di prezzo più ampia significa che il titolo deve spostarsi a una distanza maggiore prima di realizzare profitti.

Straddles

Uno straddle è una variazione del trading di Strangles. In questo caso, acquisti contemporaneamente un'opzione call e un'opzione put. Si applicano anche allo stesso inventario e hanno la stessa data di scadenza. Una cosa in comune tra uno straddle e uno strangle è che hanno gli stessi prezzi di esercizio, ma ci sono delle differenze. Uno straddle limita la gamma di scambi. Poiché hanno lo stesso prezzo di esercizio, aumenti le tue possibilità che le azioni si muovano in un modo che ti aiuterà a realizzare profitti più significativi.

Facciamo due esempi. Per il primo esempio, creeremo uno straddle. Questo sarà ipotetico, ma inizieremo con l'attuale prezzo di Apple come esempio e utilizzeremo prezzi di esercizio di € 240 per chiamate e put. Quattordici giorni prima della scadenza, un'opzione call con un prezzo di esercizio di € 240 costa € 6,20 e un'opzione put costa € 6,17. Quindi, l'investimento totale richiesto per aprire la posizione sarebbe di € 1.237. Ad esempio, supponiamo che la domanda di utili sia dieci giorni prima della scadenza e che il prezzo delle azioni aumenti di € 20 cada una.

L'opzione put scende a € 0,43 o € 43. L'opzione call arriva fino a € 20,45, quindi possiamo vendere l'opzione call per € 2,045. Potremmo anche vendere l'opzione put per sbarazzarcene e riavere indietro i € 43. Quindi, il nostro profitto netto sarebbe € 43 + € 2045 - € 1237 = € 851.

D'altra parte, se il prezzo delle azioni scendesse di € 20 in caso di una call non profittevole, l'opzione put aumenterebbe a € 20,28 mentre l'opzione call diminuirebbe a € 0,30. Quindi, notiamo che produrrebbe risultati simili indipendentemente dalla direzione in cui dovrebbe muoversi il prezzo delle azioni.

Ora considera un choke con un'opzione call da € 240 e un'opzione put da € 235. In questo caso, l'acquisto dell'opzione put costerebbe € 393, mentre l'opzione call costerebbe € 6,20. Quindi, l'investimento totale sarebbe di € 1.013. Di fatto è un po' più economico configurare Strangle. I risultati sono gli stessi menzionati prima. Se il prezzo sale a € 260 per azione, l'opzione call genererà lo stesso profitto di prima, ma l'opzione put scenderà a € 17. Potremmo semplicemente lasciarlo scadere o provare a rivenderlo per € 17. Lo Strangle sarebbe ribassista se il titolo non scendesse ulteriormente poiché abbiamo scelto un prezzo di esercizio inferiore. Se scende a € 220, l'opzione put varrebbe € 15,67. Quindi, il nostro profitto sarebbe € 1.567 - € 1.013 + € 30 = € 584 supponendo che potremmo vendere l'opzione call per € 30.

Avere sempre un piano di uscita

Scegliere un titolo, formulare una strategia di opzioni per generare reddito dalle prestazioni di esso e quindi contattare il proprio broker per avviare un accordo di apertura è un ottimo punto di partenza. Tuttavia, questo piano non è una strategia completa. La parte più importante di una strategia di opzioni non è entrare ma uscire.

Il profitto da una strategia di opzioni può derivare dall'acquisto del titolo sottostante a un prezzo inferiore al valore di mercato, dall'accettazione di un regolamento in contanti per un'opzione su azioni in calo o persino dall'aumento del costo del premio dell'opzione vendendo il contratto prima della scadenza.

Tuttavia, si ritiene che l'asset che hai identificato possa consentirti di sviluppare una strategia redditizia per il trading di opzioni. Le supposizioni e le speranze non dovrebbero far parte di questa strategia. Prima di iniziare qualsiasi transazione di apertura, assicurati di avere ben chiaro il tuo obiettivo specifico per la firma del contratto. Dopo aver completato l'affare di apertura, ti verrà presentato uno dei tre possibili risultati:

- Il mercato e le azioni target si sono mossi nella direzione prevista.

- Il mercato di riferimento o le azioni si stanno muovendo in una direzione inaspettata, con conseguenti perdite impreviste.

- Il mercato o il titolo di destinazione si sta muovendo in una direzione inaspettata, con conseguenti profitti imprevisti.

Allo stesso modo, dovresti avere tre risposte già pronte per ciascuno di questi sviluppi:

- Quando ti trovi di fronte al primo risultato, dovresti già avere una strategia di uscita in atto. Qualunque cosa stia accadendo intorno a te, fintanto che le tue risorse sono sulla strada giusta, non deviare dal tuo piano.

- Se ci sono cambiamenti inaspettati che sono sfavorevoli alla tua posizione sull'asset sottostante, quale piano hai fatto per risolvere il contratto in modo da poter ridurre al minimo le tue perdite?
- Che piano hai messo in atto per uscire dal contratto se hai apportato cambiamenti favorevoli imprevisti alla tua posizione sull'asset sottostante in modo da poter trarre vantaggio da questi guadagni?

Assicurati di poter rispondere a tutte e tre le domande prima di stipulare un contratto di opzione. Una volta che hai gettato le basi per il trading di opzioni di successo, attieniti al tuo piano anche se pensi di poter guadagnare qualche euro in più improvvisando.

Adatta la tua strategia alle condizioni di mercato

Una volta entrati nel mondo del trading di opzioni professionale, acquisirai fiducia quando vedrai che i tuoi sforzi ripagano nel riavere le tue opzioni sul conto. Quando passi da un conto di trading di livello 1 a un conto di trading di livello 2, probabilmente svilupperai una preferenza per un tipo specifico di trading di opzioni, possibilmente call con copertura o put sposate. La familiarità con il linguaggio e i meccanismi della professione di trading di opzioni è qualcosa che funzionerà a tuo favore. Tuttavia, è essenziale ricordare che man mano che sali di livello, avrai accesso a una gamma più ampia di strumenti e strategie di trading. Man mano che acquisisci conoscenza ed esperienza, tieni presente che, indipendentemente dalla tua familiarità con un numero selezionato di strategie di trading di opzioni, ci sono sempre sfumature aggiuntive che possono migliorare le tue capacità di trader e aumentare la redditività dei tuoi sforzi. La chiave del successo non è solo scegliere la migliore strategia in termini di performance dell'asset sottostante. È inoltre necessario considerare le condizioni generali di mercato e valutare se tali condizioni potrebbero influenzare la performance futura di tale attività. Sebbene una strategia possa aver funzionato in circostanze simili in passato, puoi modificare il tuo progetto tenendo conto dei cambiamenti nelle condizioni attuali per assicurarti di continuare a costruire sul tuo precedente successo.

Attieniti alle regole

In qualità di trader di opzioni, competi con altri trader e investitori. Gran parte del successo del tuo investimento, inclusa la creazione di preziosi collegamenti nel mondo degli investimenti, deriva dalla tua capacità di seguire le regole. Il mercato azionario è una cosa viva e l'attività dei trader ha un impatto significativo sulla loro salute e volatilità. Siamo tutti tentati di fare tutto da soli, lasciando un'eredità di innovazione, ma comprendere le basi ti aiuterà.

In particolare, i prezzi delle opzioni aumentano o diminuiscono a causa delle variazioni dei prezzi delle azioni e della volatilità.

Quindi, quando i prezzi delle azioni aumentano, le opzioni call per fare soldi e le opzioni put, si perde denaro. Quando i prezzi delle azioni scendono, opzioni put, guadagni e opzioni call ci sono guadagni dopo l'acquisto. Le opzioni si muovono anche in termini di volatilità; Quando i prezzi delle azioni sono stabili, una maggiore volatilità può far salire i prezzi delle opzioni. Quindi, quando la volatilità aumenta, l'acquisto di opzioni produce guadagni. Quando la volatilità si attenua, la vendita di opzioni si stabilizza.

Ciò che ogni investitore dovrebbe evitare
Raddoppia per coprire le perdite

Il "raddoppio" è un eccellente esempio di come un trader di opzioni può ignorare la sua strategia di uscita originale se il mercato o il titolo sottostante non si comporta come si aspettava quando ha sviluppato inizialmente il suo modo di operare.

Ad esempio, supponiamo che un trader acquisti un'opzione call per 100 azioni della Società B con un prezzo di esercizio di € 45. Al momento dell'acquisto dell'opzione call, la società B era scambiata a € 44. Il trader si aspetta che il prezzo delle azioni salga a € 47 prima della scadenza del contratto. Tuttavia, subito dopo la transazione di apertura, il prezzo delle azioni scende a € 43.

Il premio per un'opzione call con un prezzo di esercizio di € 45 è ora più out of the money rispetto a quando è stato aperto. Inoltre, ci vorrà molto tempo prima che si arrivi alla scadenza. Pertanto, per compensare le potenziali perdite se il titolo sale a soli € 46, il trader potrebbe essere tentato di "raddoppiare" acquistando un'altra opzione call di € 45 al prezzo di premio ridotto.

Se questo trader avesse appena acquistato azioni, avrebbe potuto celebrare l'inaspettato calo di valore del titolo e acquistare immediatamente il maggior numero di azioni aggiuntive possibile con l'obiettivo di rendimenti a lungo termine più elevati. Tuttavia, il trading di opzioni funziona in modo diverso. Il trader di opzioni si concentra sui rendimenti a breve termine. Se il prezzo delle azioni non incassa il contratto entro la data di scadenza, il trader perderà non solo un affare ma due.

Il trader intelligente ricorderà di aver fatto un piano di uscita per questo scenario e si atterrà ad esso. Sebbene possa essere allettante acquistare un'opzione call aggiuntiva, dovrebbe giudicare la saggezza di tale acquisto chiedendosi se farebbe lo stesso con la seconda opzione call se non fosse già nel mezzo di uno scambio. Se questo di solito non è un contratto che avrebbe fatto, perché quella non era la sua strategia nel suo accordo di apertura, allora le condizioni di mercato contrarie alle aspettative e la performance delle azioni sono probabilmente le ragioni per cui non dovrebbe rifare lo stesso errore.

Invece, dovrebbe rimanere sul suo contratto per vedere se le azioni alla fine si riprendono e rendono l'affare redditizio, o venderlo subito, ridurre le sue perdite e cercare un'altra opportunità che abbia più senso.

CONCLUSIONE

L'ultima volta che avete preparato il bilancio della vostra azienda, depositato le tasse o esaminato il vostro portafoglio di investimenti, potreste aver incluso "liquidità e mezzi equivalenti" come parte del calcolo delle vostre attività totali. I tuoi asset in contanti sono asset come automobili e camion, attrezzature per ufficio o immobili che possono essere rapidamente convertiti in contanti tramite la vendita. Le attività di valore potrebbero non essere considerate liquide a meno che tu non possa venderle rapidamente in cambio di contanti. La vendita rapida di merci in contanti richiede un mercato, che si tratti di una vendita di garage, di un'asta o di una pubblicità sui media. Tuttavia, richiede anche un numero sufficiente di potenziali acquirenti in modo da non dover aspettare che l'acquirente giusto venga a pagarti il prezzo richiesto. Maggiore è il numero di acquirenti, maggiore è la concorrenza e maggiori sono le opportunità di effettuare una vendita. In fine, maggiore è la liquidità dell'asset. Ovviamente, quando vendi un oggetto unico, indipendentemente dal suo valore, è intrinsecamente meno liquido.

La liquidità nel trading di opzioni è simile. Affinché un'azione sia considerata liquida, dovrebbe essere scambiata a 1.000.000 di azioni al giorno. La maggior parte delle azioni blue chip, come Microsoft o General Electric, sono azioni liquide. Le aziende più piccole e meno conosciute possono non solo commerciare in volumi inferiori. Non scambiavano una volta al giorno. Tali negozi sono considerati illiquidi.

I contratti di opzioni illiquidi, come attività e azioni, hanno un mercato relativamente piccolo di acquirenti e venditori che competono per acquistarle e venderle. Tutti gli operatori di borsa acquistano e vendono lo stesso negozio per una determinata azienda. Allo stesso tempo, una singola azione può portare a innumerevoli contratti di opzione, ciascuno con prezzi di esercizio e date di scadenza diversi. Di conseguenza, le opzioni diventano più illiquide delle azioni.

Inoltre, la dimensione del mercato per un dato contratto di opzione può variare da illiquido a liquido, anche se il titolo stesso è generalmente considerato un titolo liquido. Un'azione è considerata illiquida se negozia meno di 1.000.000 di azioni al giorno. Allo stesso modo, dovresti considerare un'opzione illiquida se ha un open interest inferiore a 50 volte il numero di contratti che scambierai. Ad esempio, se si vendono cinque contratti di opzione sulla società XYZ, tale società dovrebbe avere un interesse aperto in transazioni di opzioni di almeno 250 operazioni.

Le ragioni principali per evitare mercati di opzioni illiquidi sono il costo e il ritorno sull'investimento. Ogni volta che completi una transazione di apertura, c'è un acquirente e un venditore di un contratto. Questo contratto ha un prezzo ask (l'importo che un investitore è disposto a pagare per l'affare) e un prezzo bid (l'importo per cui un investitore è pronto a vendere il contratto). Il valore reale del contratto.

DIRITTI D'AUTORE

© Copyright 2020 di Riccardo Costa

Tutti i diritti riservati

Questo libro:

"TRADING ONLINE PER REDDITO PASSIVO: Guida per principianti a creare profitti extra attraverso le opzioni. Sviluppa tecniche e strategie per guadagnare da casa"

Scritto da

Riccardo Costa

Questo documento si propone di fornire dettagli precisi e affidabili su questo argomento e sul problema in discussione.

Il prodotto è commercializzato presupponendo che nessuna casa editrice o contabilità ufficialmente approvata fornisca altri fondi disponibili.

Laddove sia richiesta una guida legale o qualificata, una persona deve avere il diritto di partecipare al campo.

Viene approvata una dichiarazione di principio, dell'American Bar Association, un comitato di editori e associazione. Non è consentita la copia, la riproduzione o la distribuzione di parti di questo testo, in forma elettronica o scritta.

La registrazione di questo documento è severamente vietata. Qualsiasi conservazione di questo testo è solo con il permesso scritto dell'editore che ha la libertà di autorizzarlo.

Le informazioni qui fornite sono corrette e affidabili, poiché qualsiasi mancanza di attenzione, o altri mezzi derivanti dall'uso improprio o dall'uso delle procedure, o istruzioni in esse contenute è obbligo totale e assoluto dell'utente destinatario.

L'autore non è obbligato, direttamente o indirettamente, ad assumersi alcuna responsabilità civile per eventuali restauri, danni o perdite derivanti dai dati qui raccolti. I rispettivi autori conservano tutti i diritti d'autore non conservati dall'editore.

Le informazioni qui contenute sono esclusivamente e universalmente disponibili a scopo informativo. I dati vengono presentati senza alcuna garanzia o promessa di alcun tipo.

I marchi utilizzati sono senza approvazione e il brevetto viene rilasciato senza il permesso o la protezione del proprietario del marchio.

I loghi e le etichette in questo libro sono di proprietà dei proprietari stessi e non sono associati a questo testo.

www.ingramcontent.com/pod-product-compliance
Lightning Source LLC
Chambersburg PA
CBHW052356210526
45465CB00021B/17